Curso de test *online* de

Real Decreto Legislativo 5/2015, de 30 de octubre, TR de la Ley del Estatuto Básico del Empleado Público

Este libro incluye un acceso de **30 días GRATIS** al Curso* de test *online* donde encontrarás los siguientes recursos:

- Preguntas de test en formato MADTEST.
- La justificación de la respuesta correcta.
- Acceso a descuentos y oferta exclusivas.

AF212129

Accede registrándote en nuestra web:

https://mad.es/iniciar-sesion

Valida en la sección "BIBLIOTECA", el código que encontrarás en la última página interior de tu libro.

Para disfrutar más tiempo de todas estas ventajas, adquiere tu Curso de test *online* por 180 días más pinchando en la opción RENOVAR que aparece en la sección "CURSOS".

NOTA IMPORTANTE:

* El acceso al CURSO tendrá una duración de 30 días RENOVABLES mediante pago, desde la validación de códigos, o hasta el 31 de diciembre de 2026, lo que se cumpla antes.

MAD se reserva el derecho a ampliar dichas fechas.

600 Preguntas de examen tipo test sobre el Real Decreto Legislativo 5/2015, de 30 de octubre, TR de la Ley del Estatuto Básico del Empleado Público

Mayo, 2025

600 Preguntas de examen tipo test sobre el Real Decreto Legislativo 5/2015, de 30 de octubre, TR de la Ley del Estatuto Básico del Empleado Público

Autores

ENCARNA ROJO FRANCO
REDACTORA SENIOR
OPOSICIONES Y CURSOS PROFESIONALES

JUAN CARLOS USERO LÓPEZ
LICENCIADO EN DERECHO

MAGALÍ RIERA ROCA
LICENCIADA EN DERECHO

FRANCISCO JESÚS TORRES FONSECA
LICENCIADO EN DERECHO

JOSÉ LUIS GARRIDO VELA
LICENCIADO EN DERECHO

© 7 Editores Recursos para la Cualificación Profesional y el Empleo, S.L. (7 Editores)
© Los autores
Primera edición, mayo 2025 (88 páginas)
Derechos de edición reservados a favor de 7 Editores
IMPRESO EN ESPAÑA
Diseño Portada: 7 Editores
Edita: 7 Editores
Avda. San Francisco Javier, 9 · Edificio Sevilla 2 · Planta 11 · Módulos 25-27 · 41018 Sevilla
Teléfono: 954 784 411 · WEB: www.mad.es · e-mail: administracion@7editores.com
ISBN: 978-84-142-9545-8
© "Editorial Mad" y "Eduforma" son nombres comerciales registrados de
7 Editores Recursos para la Cualificación Profesional y el Empleo, S.L.

Presentación

El presente manual es un recurso didáctico completo y eficaz para el conocimiento teórico y práctico del Real Decreto Legislativo 5/2015, de 30 de octubre, por el que se aprueba el texto refundido de la Ley del Estatuto Básico del Empleado Público, como norma fundamental para la función pública, ya que contiene una amplia colección de cuestionarios tipo test que incluyen **más de 600 preguntas** sobre sus Títulos y Disposiciones.

Está especialmente dirigido a opositores de todas las categorías, ya que se trata de una norma transversal que es requerida en la mayoría de los Programas de las Convocatorias, así como a empleados públicos que quieran profundizar en sus conocimientos sobre el Estatuto Básico del Empleado Público a efectos prácticos.

Por último, destacar que a través de nuestro Servicio *online* te ofrecemos de forma gratuita las respuestas comentadas y argumentadas con apoyo en la propia norma u otro tipo de disposiciones o resoluciones, lo que lo convierte en un manual de uso imprescindible para favorecer la comprensión y un estudio realmente eficaz de la misma. Asimismo, las respuestas se encuentran referenciadas a los preceptos en los que se basa dicha respuesta.

1. La ley que contiene la regulación del Estatuto Básico del Empleado Público vigente es:

a) La Ley 1/2001.
b) La Ley 7/2007.
c) El Real Decreto Legislativo 5/2015.
d) El Real Decreto Legislativo 1/2018.

2. El Real Decreto Legislativo 5/2015, de 30 de octubre, tiene por objeto:

a) Establecer las bases del régimen jurídico de todo trabajador que trabaja en la Administración Pública.
b) Establecer las bases del régimen estatutario de los funcionarios públicos que se incluyen en su ámbito de aplicación.
c) Establecer las bases del régimen jurídico de todo trabajador español.
d) Establecer las bases del régimen jurídico de todo trabajador que trabaja en España.

3. El artículo 1.3 del Real Decreto Legislativo 5/2015:

a) Hace referencia explícita a la igualdad de trato entre mujeres y hombres.
b) No hace referencia explícita a la igualdad de trato entre mujeres y hombres, pero sí que se deduce de la redacción del mismo.
c) No hace ningún tipo de referencia a la igualdad de trato entre mujeres y hombres.
d) No hace ningún tipo de referencia a la igualdad.

4. En relación con el acceso y promoción profesional, el Real Decreto Legislativo 5/2015 dispone que se deberá llevar a cabo atendiendo a criterios de:

a) Igualdad, premura y preferencia de la mujer sobre el hombre.
b) Mérito y concurso.
c) Únicamente por mérito.
d) Igualdad, mérito y capacidad.

5. En relación con la planificación y gestión de los recursos humanos, el artículo 1.3 del Real Decreto Legislativo 5/2015 establece la actuación con:

a) Eficiencia.
b) Eficacia.
c) Premura.
d) Resolutividad.

6. ¿Cuál de los siguientes es un criterio de actuación contenido en el artículo 1.3 del Real Decreto Legislativo 5/2015?

a) Transparencia.
b) Responsabilidad en la gestión.
c) Desarrollo y cualificación profesional permanente de los empleados públicos.
d) Todas las respuestas anteriores son correctas.

7. El Estatuto Básico del Empleado Público se aplica:

a) Únicamente al personal funcionario de todas las Administraciones Públicas.
b) Únicamente al personal laboral de todas las Administraciones Públicas.
c) Al personal funcionario y laboral de la Administración General del Estado y de las Administraciones de las comunidades autónomas y de las Administraciones de las entidades locales, pero no al de organismos públicos, agencias y demás entidades de derecho público con personalidad jurídica propia, vinculadas o dependientes de cualquiera de las Administraciones Públicas.
d) Al personal funcionario y laboral de la Administración General del Estado y de las Administraciones de las comunidades autónomas y de las Administraciones de las entidades locales, así como al de las Universidades Públicas.

8. El personal docente y el personal estatutario de los Servicios de Salud:

a) Se rige por el Estatuto Básico del Empleado Público, en todo caso.
b) Se rige por legislación específica, en todo caso.
c) Se rige tanto por el Estatuto Básico del Empleado Público como por legislación específica.
d) Todas las respuestas anteriores son incorrectas.

9. Respecto del personal de las Administraciones Públicas no incluido en el ámbito de aplicación del Estatuto Básico del Empleado Público:

a) Se aplica siempre el Estatuto de los trabajadores.
b) Nunca podrá ser de aplicación el citado Estatuto.
c) Se podrá aplicar el Estatuto, pero con carácter supletorio.
d) Únicamente se podrá regir por normativa específica.

10. El Cuerpo de Policía Local:

a) Se rige por normativa local, en ningún caso por el Real Decreto Legislativo 5/2015.
b) Se rige en todo caso por lo establecido en el Real Decreto Legislativo 5/2015.

c) Se rige únicamente por la Ley Orgánica 2/1986, de 13 de marzo, de Fuerzas y Cuerpos de Seguridad.

d) Se rige por el Real Decreto Legislativo 5/2015 y por la legislación de cada comunidad autónoma, excepto en lo que establezca específicamente la Ley Orgánica 2/1986, de 13 de marzo, de Fuerzas y Cuerpos de Seguridad.

11. El personal funcionario de las entidades locales:

a) Se rige por normativa local, en ningún caso por el Real Decreto Legislativo 5/2015.

b) Se rige en todo caso por lo establecido en el Real Decreto Legislativo 5/2015.

c) Se rige únicamente por la Ley Orgánica 2/1986, de 13 de marzo, de Fuerzas y Cuerpos de Seguridad.

d) Se rige por la legislación estatal que resulte de aplicación, de la que forma parte el Estatuto Básico del Empleado Público, y por la legislación de las comunidades autónomas, con respeto a la autonomía local.

12. En el caso del personal funcionario de las Cortes Generales:

a) Se rige por la legislación específica propia que no se oponga a lo establecido por el Real Decreto Legislativo 5/2015.

b) Se rige por lo establecido en el Real Decreto Legislativo 5/2015.

c) Se rige por lo que dispone la legislación específica propia y por el Real Decreto Legislativo 5/2015, cuando así lo disponga la primera.

d) Se rige por el Estatuto de los Trabajadores.

13. En el caso del personal militar de las Fuerzas Armadas:

a) Se rige por la legislación específica propia que no se oponga a lo establecido por el Real Decreto Legislativo 5/2015.

b) Se rige por lo establecido en el Real Decreto Legislativo 5/2015.

c) Se rige por lo que dispone la legislación específica propia y por el Real Decreto Legislativo 5/2015, cuando así lo disponga la primera.

d) Se rige por el Estatuto de los Trabajadores.

14. En el caso del personal del Centro Nacional de Inteligencia:

a) Se rige por la legislación específica propia que no se oponga a lo establecido por el Real Decreto Legislativo 5/2015.

b) Se rige por lo establecido en el Real Decreto Legislativo 5/2015.

c) Se rige por lo que dispone la legislación específica propia y por el Real Decreto Legislativo 5/2015, cuando así lo disponga la primera.

d) Se rige por el Estatuto de los Trabajadores.

15. En el caso del personal funcionario de la Universidad Pública:

a) Se rige por la legislación específica propia que no se oponga a lo establecido por el Real Decreto Legislativo 5/2015.

b) Se rige por lo establecido en el Real Decreto Legislativo 5/2015.

c) Se rige por lo que dispone la legislación específica propia y por el Real Decreto Legislativo 5/2015, cuando así lo disponga la primera.

d) Se rige por el Estatuto de los Trabajadores.

16. Entre el personal al que las disposiciones del Estatuto Básico del Empleado Público sólo se aplican directamente cuando así lo disponga su legislación específica, NO figura/n:

a) Los jueces.

b) El personal retribuido por arancel.

c) El personal del Banco de España y del Fondo de Garantía de Depósitos de Entidades de Crédito.

d) Los funcionarios de las Administraciones de las entidades locales.

17. El personal funcionario de la Sociedad Estatal Correos y Telégrafos:

a) Se rige por el Estatuto de los Trabajadores.

b) Se rige por sus normas específicas y supletoriamente por el Estatuto Básico del Empleado Público.

c) Se rige por la legislación laboral.

d) Se rige por el Estatuto Básico del Empleado Público.

18. El personal laboral de la Sociedad Estatal Correos y Telégrafos:

a) Se rige exactamente por la misma regulación que el personal funcionario de la Sociedad Estatal Correos y Telégrafos.

b) Se rige únicamente por el Estatuto Básico del Empleado Público.

c) Se rige por la legislación laboral y demás normas convencionalmente aplicables.

d) Se rige por el Código Mercantil.

19. ¿Qué artículo del Estatuto Básico del Empleado Público dispone que es un fundamento de actuación la jerarquía en la atribución, ordenación y desempeño de las funciones y tareas?

a) Ninguno.
b) El artículo 4.
c) El artículo 1.
d) El artículo 3.

20. Indica la respuesta correcta:

a) El personal de investigación de la universidad no se considera personal de la universidad pública.
b) El personal de investigación de la universidad se rige siempre por regulación laboral.
c) El personal de investigación se le aplica normativa específica propia, únicamente.
d) En la aplicación del Estatuto Básico del Empleado Público al personal de investigación se podrán dictar normas singulares para adecuarlo a sus peculiaridades.

21. Cada vez que en el Estatuto Básico del Empleado Público se haga mención al personal funcionario de carrera:

a) Se entenderá comprendido el personal estatutario de los Servicios de Salud.
b) No se entenderá comprendido el personal estatutario de los Servicios de Salud.
c) Se entenderá comprendido el personal estatutario de los Servicios de Salud solo si así se dispone expresamente.
d) No existe el funcionario de carrera.

22. Se establece la objetividad, profesionalidad e imparcialidad en el servicio garantizadas con la inamovilidad en la condición de funcionario de carrera, en:

a) El artículo 5 del Estatuto Básico del Empleado Público.
b) El artículo 2 del Estatuto Básico del Empleado Público.
c) El artículo 1 del Estatuto Básico del Empleado Público.
d) El artículo 4 del Estatuto Básico del Empleado Público.

23. El Estatuto Básico del Empleado Público:

a) Respecto a los funcionarios públicos incluidos establece las bases de su régimen.
b) Respecto al personal laboral establece unas bases de su régimen.

c) Respecto a los funcionarios públicos determina las normas aplicables.
d) Respecto a los funcionarios públicos y al personal laboral determina las normas aplicables.

24. En relación con la regulación de la función pública:

a) Solamente ha regulado el Estado.
b) Las asambleas legislativas de las comunidades autónomas pueden aprobar leyes reguladoras de la misma en el ámbito de sus competencias.
c) Las corporaciones locales de las comunidades autónomas pueden aprobar leyes reguladoras de la misma en el ámbito de sus competencias.
d) Regulan directamente las comunidades autónomas, siempre que no contradigan lo dispuesto en el EBEP.

25. Indica la respuesta incorrecta:

a) Este Estatuto se aplica al personal funcionario de la Administración General del Estado.
b) Este Estatuto se aplica al personal laboral de las Administraciones de las Comunidades autónomas, en lo que proceda.
c) Este Estatuto no se aplica al personal funcionario de las ciudades de Ceuta y Melilla.
d) Este Estatuto se aplica al personal funcionario de las ciudades de Ceuta y Melilla, en lo que proceda.

26. El Estatuto Básico del Empleado Público se aplica al personal:

a) De las Universidades Públicas.
b) De las Universidades privadas.
c) De las Escuelas de Negocio.
d) De todo tipo de Universidades.

27. En qué artículo se establece la evaluación y responsabilidad en la gestión:

a) El artículo 5 del Estatuto Básico del Empleado Público.
b) El artículo 2 del Estatuto Básico del Empleado Público.
c) El artículo 1 del Estatuto Básico del Empleado Público.
d) El artículo 4 del Estatuto Básico del Empleado Público.

28. El personal docente y el personal estatutario de los Servicios de Salud:

a) No se rigen por la misma legislación, en ningún caso.
b) Se rigen específicamente por lo que dispone el Estatuto Básico del Empleado Público.

c) Se rigen por la legislación específica dictada por el Estado y por las comunidades autónomas en el ámbito de sus respectivas competencias y por lo previsto en el presente Estatuto, excepto el Capítulo II del Título III, salvo el artículo 20, y los artículos 22.3, 24 y 84.

d) Se rigen directamente por lo que establece la legislación autonómica aplicable.

29. Las disposiciones de este Estatuto solo se aplicarán directamente cuando así lo disponga su legislación específica al siguiente personal:

a) Al funcionario interino.

b) A los fiscales.

c) Al funcionario de carrera.

d) Al personal funcionario de las Administraciones locales.

30. Se establece la legislación aplicable al personal funcionario de las Entidades Locales en:

a) El artículo 5 del Estatuto Básico del Empleado Público.

b) El artículo 24 del Estatuto de los Trabajadores.

c) El artículo 1 del Estatuto Básico del Empleado Público.

d) El artículo 3 del Estatuto Básico del Empleado Público.

31. En qué artículo se establece la cooperación entre las Administraciones Públicas en la regulación y gestión del empleo público:

a) El artículo 5 del Estatuto Básico del Empleado Público.

b) El artículo 1 del Estatuto Básico del Empleado Público.

c) El artículo 4 del Estatuto Básico del Empleado Público.

d) El artículo 2 del Estatuto Básico del Empleado Público.

32. Al personal funcionario de los organismos públicos, agencias y demás entidades de derecho público con personalidad jurídica propia, vinculadas o dependientes de cualquiera de las Administraciones Públicas:

a) No se le aplica el Estatuto Básico del Empleado Público.

b) Se le aplica el Estatuto Básico del Empleado Público.

c) Se le aplica regulación específica propia.

d) Se le aplica normativa laboral.

33. En relación con la Función Pública de la Administración General del Estado, de las Comunidades Autónomas y de las entidades locales:

a) Las entidades locales pueden regularla.

b) En desarrollo del Estatuto Básico del Empleado Público las Cortes Generales pueden aprobar las leyes reguladoras de la Función Pública de la Administración General del Estado.

c) En desarrollo del Estatuto Básico del Empleado Público las entidades locales pueden aprobar las leyes reguladoras de la Función Pública de la propia entidad local.

d) Las comunidades autónomas no podrán desarrollar legislación reguladora de su Función Pública.

34. ¿Qué artículo contempla la legislación aplicable al personal laboral al servicio de las Administraciones Públicas?

a) El artículo 1 del Estatuto de los Trabajadores.

b) El artículo 2 del Estatuto de los Trabajadores.

c) El artículo 6 del Real Decreto Legislativo 5/2015.

d) El artículo 7 del Real Decreto Legislativo 5/2015.

35. El personal laboral de la Sociedad Estatal de Correos y Telégrafos:

a) Como el resto de personal laboral de la Administraciones Públicas se regula por el Estatuto de los Trabajadores.

b) Como el resto de personal laboral de la Administraciones Públicas se regula por normativa laboral y por demás normas convencionalmente aplicables.

c) Se regula por normativa laboral y por demás normas convencionalmente aplicables.

d) Se regula por normativa laboral y por demás normas convencionalmente aplicables, así como por el Estatuto Básico del Empleado Público.

36. En el Estatuto Básico del Empleado Público:

a) No se hace referencia al personal laboral, pero por analogía entendemos que sí.

b) Se prioriza la regulación del personal laboral, al que va principalmente destinado, quedando en segundo lugar el personal funcionario.

c) Está pensado para regular el régimen de los funcionarios de carrera, únicamente.

d) En algunos casos se aplica al personal laboral al servicio de las Administraciones Públicas.

37. Se establece como fundamento de actuación la negociación colectiva y participación, a través de representantes, en la determinación de condiciones de empleo, en:

a) El artículo 5 del Estatuto Básico del Empleado Público.

b) El artículo 1 del Estatuto Básico del Empleado Público.

c) El artículo 4 del Estatuto Básico del Empleado Público.

d) El artículo 2 del Estatuto Básico del Empleado Público.

38. Se establece como fundamento de actuación el sometimiento pleno a la ley y al Derecho, en:

a) El artículo 5 del Estatuto Básico del Empleado Público.

b) El artículo 2 del Estatuto Básico del Empleado Público.

c) El artículo 1 del Estatuto Básico del Empleado Público.

d) El artículo 4 del Estatuto Básico del Empleado Público.

39. El artículo 3 del Estatuto Básico del Empleado Público regula el régimen:

a) Del personal funcionario de las entidades locales.

b) Del personal laboral de las entidades locales.

c) Del personal funcionario de las comunidades autónomas.

d) Del personal laboral de las comunidades autónomas.

40. Es un fundamento de actuación reflejado en el EBEP, según su artículo 1.3:

a) Evaluación y responsabilidad de los órganos directivos.

b) Cooperación entre las Administraciones Públicas en la regulación y gestión del empleo público.

c) Negociación colectiva y participación en la atribución, ordenación y desempeño de las funciones y tareas.

d) Servicio a la Administración y a los intereses del Gobierno.

41. Se consideran empleados públicos, a efectos del Estatuto Básico del Empleado Público:

a) Los que desempeñan funciones retribuidas o no para la Administración Pública.

b) Los que desempeñan funciones retribuidas o no para la Administración Pública al servicio de sus intereses propios.

c) Los que desempeñan funciones retribuidas o no para la Administración Pública al servicio de los intereses generales.

d) Los que desempeñan funciones retribuidas para la Administración Pública al servicio de los intereses generales.

42. No es empleado público según el Estatuto Básico del Empleado Público:

a) El personal laboral fijo.

b) El personal laboral indefinido.

c) El personal laboral temporal.

d) Los contratados mercantiles.

43. El personal eventual:

a) No puede ser contratado por parte de la Administración Pública.

b) Solamente puede ser contratado excepcionalmente por la Administración Pública, pero no se puede considerar que es empleado público.

c) Puede ser contratado por la Administración Pública, pero no se puede considerar que son empleados públicos.

d) Son empleados públicos.

44. Quienes están vinculados a una Administración Pública por una relación estatutaria regulada por el Derecho Administrativo para el desempeño de servicios profesionales retribuidos de carácter permanente, se denominan:

a) Profesionales de la Administración Pública.

b) Empleados de la Administración Pública.

c) Funcionarios de carrera.

d) Funcionarios interinos.

45. El ejercicio de las funciones que impliquen la participación directa en el ejercicio de las potestades públicas o en la salvaguarda de los intereses generales del Estado corresponde:

a) A los funcionarios públicos y al personal laboral.

b) Al personal laboral, exclusivamente.

c) Al personal funcionario exclusivamente.

d) Al personal eventual, habitualmente.

46. El ejercicio de las funciones que impliquen la participación directa en el ejercicio de las potestades públicas o en la salvaguarda de los intereses generales del Estado corresponde:

a) A los funcionarios públicos y al personal laboral.

b) Al personal laboral, exclusivamente.

c) Al personal funcionario exclusivamente.
d) Al personal eventual, habitualmente.

47. El ejercicio de las funciones que impliquen la participación directa en el ejercicio de las potestades públicas o en la salvaguarda de los intereses generales de las Administraciones Públicas corresponde:

a) A los funcionarios públicos y al personal laboral.
b) Al personal laboral, exclusivamente, y solo si es fijo.
c) Al personal funcionario exclusivamente.
d) Al personal eventual, en todo caso.

48. El ejercicio de las funciones que impliquen la participación indirecta en el ejercicio de las potestades públicas o en la salvaguarda de los intereses generales de las Administraciones Públicas corresponde:

a) Al personal funcionario exclusivamente.
b) A los funcionarios públicos y al personal laboral.
c) Al personal laboral, exclusivamente, y solo si es fijo.
d) Al personal eventual, en todo caso.

49. Los que, por razones expresamente justificadas de necesidad y urgencia, son nombrados para el desempeño de funciones propias de funcionarios de carrera, se denominan:

a) Funcionarios de carrera temporales.
b) Funcionarios interinos.
c) Personal laboral al servicio de la Administración pública.
d) Personal eventual.

50. El artículo 10 del Estatuto Básico del Empleado Público contiene normativa relativa:

a) Al funcionario interino.
b) Al funcionario de carrera.
c) Al Personal laboral al servicio de la Administración Pública.
d) Al Personal eventual.

51. Ante la siguiente circunstancia, la existencia de plazas vacantes cuando no sea posible su cobertura por funcionarios de carrera, el artículo 10.1 del Estatuto Básico del Empleado Público establece el nombramiento de:

a) Un funcionario interino.
b) Personal laboral al servicio de la Administración pública.
c) Personal eventual.
d) No se procederá al nombramiento de nadie, sino que se procederá a convocar un concurso-oposición.

52. Los funcionarios interinos podrán ejecutar programas de carácter temporal:

a) Siempre que la duración de estos no sea superior a 1 mes.
b) Siempre que la duración de estos no sea superior a 1 año.
c) Siempre que la duración de estos no sea superior a 3 años.
d) Siempre que la duración de estos no sea superior a 5 años.

53. Los funcionarios interinos podrán ejecutar programas de carácter temporal, y respecto a la limitación del plazo establecido por el Estatuto:

a) El plazo de duración de la ejecución del programa es improrrogable.
b) El plazo de duración de la ejecución del programa es ampliable hasta seis meses más por las leyes de Función Pública que se dicten en desarrollo del Estatuto Básico del Empleado Público.
c) El plazo de duración de la ejecución del programa es ampliable hasta doce meses más por las leyes de Función Pública que se dicten en desarrollo del Estatuto Básico del Empleado Público.
d) El plazo de duración de la ejecución del programa es ampliable hasta veinticuatro meses más por las leyes de Función Pública que se dicten en desarrollo del Estatuto Básico del Empleado Público.

54. Cuando no sea posible su cobertura por funcionarios de carrera, podrá nombrarse a un funcionario interino ante:

a) El exceso o acumulación de tareas por plazo máximo de nueve meses, dentro de un periodo de dieciocho meses.
b) El exceso o acumulación de tareas por plazo máximo de tres meses, dentro de un periodo de seis meses.
c) El exceso o acumulación de tareas por plazo máximo de doce meses, dentro de un periodo de veinticuatro meses.
d) El exceso o acumulación de tareas por plazo máximo de veinticuatro meses, dentro de un periodo de treinta y seis meses.

55. El artículo 10.2 del Estatuto Básico del Empleado Público dispone que los funcionarios interinos deberán ser seleccionados atendiendo a/al:

a) Los principios de igualdad, mérito, capacidad, publicidad y celeridad.
b) Los principios de igualdad y concurso.
c) Los principios de mérito y transparencia.
d) Principio de transparencia.

56. El cese de funcionarios interinos se podrá producir:

a) Por la finalización de la causa que dio lugar a su nombramiento.

b) Únicamente por la finalización de la causa que dio lugar a su nombramiento.

c) La sanción disciplinaria de separación del servicio, tanto si tiene carácter provisional como si tiene carácter firme.

d) La pena principal o accesoria de inhabilitación absoluta o especial para cargo público, que tuviere carácter provisional o firme.

57. Dispone el Estatuto Básico del Empleado Público que en el caso de existencia de plazas vacantes cuando no sea posible su cobertura por funcionarios de carrera:

a) Las plazas vacantes desempeñadas por personal funcionario interino deberán ser objeto de cobertura mediante cualquiera de los mecanismos de provisión o movilidad previstos en la normativa de cada Administración Pública.

b) Las plazas vacantes desempeñadas por funcionarios interinos no tienen por qué incluirse en la oferta de empleo correspondiente al ejercicio en que se produce su nombramiento.

c) Las plazas vacantes desempeñadas por funcionarios interinos deben incluirse en todo caso en la oferta de empleo correspondiente al ejercicio en que se produce su nombramiento.

d) Las plazas vacantes desempeñadas por funcionarios interinos siempre deben amortizarse con la mayor celeridad posible.

58. ¿Es aplicable a los funcionarios interinos el régimen general de los funcionarios de carrera?

a) Sí, en todo caso; independientemente de que el nombramiento tenga o no carácter extraordinario y urgente.

b) No, en ningún caso. Tienen su propio régimen general.

c) Sí, en cuanto sea adecuado a la naturaleza de su condición y al carácter extraordinario y urgente de su nombramiento, salvo aquellos derechos inherentes a la condición de funcionario de carrera.

d) No, se rigen por un convenio colectivo de carácter estatal.

59. Se considera personal laboral:

a) Todo el personal de la Administración Pública.

b) Todo personal de la Administración Pública que tenga un contrato fijo.

c) Todo personal de la Administración Pública que no sea funcionario de carrera.

d) El personal que tenga un contrato formalizado por escrito, sea cual sea la modalidad de contratación de las previstas en la legislación laboral.

60. El artículo 11 del Estatuto Básico del Empleado Público contiene normativa relativa:

a) Al funcionario interino.

b) Al funcionario de carrera.

c) Al personal laboral de la Administración Pública.

d) Al personal eventual.

61. Conforme al artículo 11.3 del Estatuto Básico del Empleado Público, los procedimientos de selección del personal laboral serán públicos, rigiéndose en todo caso por los principios de igualdad, mérito y capacidad. En el caso del personal laboral temporal se regirá igualmente por el principio de:

a) Necesidad.

b) Urgencia.

c) Celeridad.

d) Profesionalidad.

62. El artículo 13 del Estatuto Básico del Empleado Público contiene normativa relativa:

a) Al funcionario interino.

b) Al personal laboral.

c) Al personal directivo profesional.

d) Al personal eventual.

63. Juan firma un contrato laboral temporal en virtud del cual empieza a prestar servicios retribuidos por la Administración Pública:

a) No está permitido que firme un contrato laboral con la Administración Pública.

b) Sí que está permitido que firme un contrato laboral con la Administración Pública, pero solamente de carácter indefinido.

c) Sí que está permitido que firme un contrato laboral con la Administración Pública, pero solamente si es fijo.

d) Es posible la celebración de un contrato laboral temporal de estas características, siempre que se cumpla con lo dispuesto en la ley.

64. Se consideran personal laboral, a efectos del Estatuto Básico del Empleado Público:

a) Los que desempeñan funciones retribuidas o no para la Administración Pública.

b) Los que desempeñan funciones retribuidas o no para la Administración Pública al servicio de sus intereses propios.

c) Los que desempeñan funciones retribuidas para la Administración Pública al servicio de los intereses generales.

d) Los que prestan servicios retribuidos por las Administraciones Públicas y se rigen por la legislación laboral.

65. El número máximo de personal eventual:

a) En todo caso será de 10.
b) En todo caso será de 15.
c) Se establecerá por los respectivos órganos de gobierno.
d) No existe un máximo.

66. En función de la duración del contrato, el personal laboral de la Administración Pública:

a) Solamente puede ser fijo.
b) Puede ser fijo y, excepcionalmente, temporal.
c) Puede ser fijo, por tiempo indefinido o temporal.
d) Solamente puede ser por tiempo indefinido.

67. El personal laboral al servicio de las Administraciones Públicas NO puede desempeñar puestos:

a) Correspondientes a áreas de actividades que requieran conocimientos técnicos especializados.
b) En el extranjero con funciones administrativas de trámite y colaboración y auxiliares, aunque comporten manejo de máquinas, archivo y similares.
c) Cuyas actividades sean propias de oficios.
d) Que impliquen la participación directa o indirecta en la salvaguardia de los intereses generales del Estado y de las Administraciones Públicas.

68. El personal que, en virtud de nombramiento y con carácter no permanente, solo realiza funciones expresamente calificadas como de confianza o asesoramiento especial, siendo retribuido con cargo a los créditos presupuestarios consignados para este fin, se denomina:

a) Personal eventual.
b) Personal laboral.
c) Funcionarios interinos.
d) Personal directivo profesional.

69. Realiza funciones expresamente calificadas como de confianza o asesoramiento especial:

a) El personal eventual.
b) Tanto el personal eventual como en contratado laboral a tiempo parcial.

c) El funcionario interino.
d) Todo el personal de la Administración Pública.

70. En relación con el personal eventual:

a) Se podrá disponer del mismo siempre que se considere necesario.
b) Las leyes correspondientes determinarán los órganos de gobierno de las Administraciones Públicas que podrán disponer de este tipo de personal.
c) Todos los órganos de gobierno de las Administraciones Públicas dispondrán de este tipo de personal.
d) Solo los órganos de gobierno de las Administraciones Públicas podrán determinar qué órganos pueden disponer de este tipo de personal.

71. En relación con el personal eventual, el Estatuto Básico del Empleado Público dispone que:

a) El número y las condiciones retributivas serán públicas.
b) Las condiciones retribuidas serán públicas, sobre el número no establece nada.
c) El número deberá ser público, sobre las condiciones retributivas no establece nada.
d) No dispone nada específico.

72. El artículo 12.3 del Real Decreto Legislativo 5/2015 establece que el nombramiento y cese serán libres, para el caso del:

a) Funcionario de carrera.
b) Funcionario interino.
c) Personal laboral.
d) Personal eventual.

73. El cese del personal eventual se producirá:

a) En todo caso, cuando se produzca el de la autoridad a la que preste la función de confianza o asesoramiento.
b) En determinados casos cuando se produzca el de la autoridad a la que preste la función de confianza o asesoramiento.
c) Únicamente por finalización del periodo establecido en el contrato.
d) Únicamente por determinación del Presidente del Gobierno.

74. La condición de personal eventual:

a) Podrá constituir un mérito para el acceso a la Función Pública.
b) Podrá constituir un mérito para la promoción interna.

c) No podrá constituir un mérito para el acceso a la Función Pública.

d) Solo podrá constituir mérito para el acceso a la Función Pública.

75. El régimen general de los funcionarios de carrera:

a) Únicamente será aplicable a los funcionarios de carrera.

b) En lo que sea adecuado a la naturaleza de su condición será aplicable al personal eventual.

c) Será aplicable al personal laboral.

d) Será aplicable al personal directivo profesional, en todo caso.

76. Podrán establecer, en desarrollo del Estatuto Básico del Empleado Público, el régimen jurídico específico del personal directivo:

a) El Gobierno y los órganos de gobierno de las comunidades autónomas.

b) Únicamente el Gobierno.

c) Únicamente los órganos de gobierno de las comunidades autónomas.

d) El Gobierno, los órganos de gobierno de las comunidades autónomas y los órganos de gobierno de las corporaciones locales.

77. Es personal directivo es el que desarrolla funciones directivas profesionales en las Administraciones Públicas:

a) Definidas como tales en las normas específicas de cada Administración.

b) Definidas como tales en el Estatuto Básico del Empleado Público.

c) Definidas como tales en el Reglamento del Gobierno.

d) Definidas como tales en el Reglamento de las Cortes Generales.

78. La designación del personal directivo profesional, tal y como dispone el artículo 13.2 del Estatuto Básico del Empleado Público, atenderá a principios:

a) De mérito y capacidad y a criterios de idoneidad, y se llevará a cabo mediante procedimientos que garanticen la publicidad y concurrencia.

b) De concurrencia en oposiciones.

c) De eficiencia y capacidad.

d) De igualdad de género, de mérito y de eficacia.

79. El personal directivo está sujeto a evaluación atendiendo a criterios:

a) De mérito y capacidad y a criterios de idoneidad, y se llevará a cabo mediante procedimientos que garanticen la publicidad y concurrencia.

b) De eficiencia y capacidad.

c) De igualdad de género, de mérito y de eficacia.

d) De eficacia y eficiencia, responsabilidad por su gestión y control de resultados en relación con los objetivos que les hayan fijado.

80. Respecto al personal directivo profesional, es cierto que:

a) La determinación de las condiciones de empleo, tendrá la consideración de materia objeto de negociación colectiva, a efectos del Estatuto Básico del Empleado Público.

b) Nunca puede tener un vínculo jurídico laboral con la Administración Pública.

c) Tiene un vínculo de carácter jurídico-mercantil con la Administración Pública.

d) Cuando reúna la condición de personal laboral estará sometido a la relación laboral de carácter especial de alta dirección.

81. Los empleados públicos tienen el siguiente derecho individual en correspondencia con la naturaleza jurídica de su relación de servicio:

a) A la libertad sindical.

b) A la negociación colectiva y a la participación en la determinación de las condiciones de trabajo.

c) A la progresión en la carrera profesional y promoción interna según principios constitucionales de igualdad, mérito y capacidad mediante la implantación de sistemas objetivos y transparentes de evaluación.

d) Al planteamiento de conflictos colectivos de trabajo, de acuerdo con la legislación aplicable en cada caso.

82. Los empleados públicos tienen el siguiente derecho individual que se ejerce de forma colectiva:

a) A la libertad sindical.

b) Al desempeño efectivo de las funciones o tareas propias de su condición profesional y de acuerdo con la progresión alcanzada en su carrera profesional.

c) A la progresión en la carrera profesional y promoción interna según principios constitucionales de igualdad, mérito y capacidad mediante la implantación de sistemas objetivos y transparentes de evaluación.

d) A percibir las retribuciones y las indemnizaciones por razón del servicio.

83. Los empleados públicos tienen el siguiente derecho individual que se ejerce de forma colectiva:

a) A participar en la consecución de los objetivos atribuidos a la unidad donde presten sus servicios y a ser informados por sus superiores de las tareas a desarrollar.

b) A la defensa jurídica y protección de la Administración Pública en los procedimientos que se sigan ante cualquier orden jurisdiccional como consecuencia del ejercicio legítimo de sus funciones o cargos públicos.

c) A la formación continua y a la actualización permanente de sus conocimientos y capacidades profesionales, preferentemente en horario laboral.

d) Al planteamiento de conflictos colectivos de trabajo, de acuerdo con la legislación aplicable en cada caso.

84. Los empleados públicos tienen el siguiente derecho de carácter individual en correspondencia con la naturaleza jurídica de su relación de servicio:

a) A la libertad sindical.

b) Al respeto de su intimidad, orientación e identidad sexual, expresión de género, características sexuales, propia imagen y dignidad en el trabajo, especialmente frente al acoso sexual y por razón de sexo, de orientación e identidad sexual, expresión de género o características sexuales, moral y laboral.

c) Al ejercicio de la huelga, con la garantía del mantenimiento de los servicios esenciales de la comunidad.

d) Al de reunión, en los términos establecidos en el artículo 46 del Estatuto Básico del Empleado Público.

85. La carrera profesional es:

a) El conjunto ordenado de oportunidades de ascenso y expectativas de progreso profesional conforme a los principios de igualdad, mérito y capacidad.

b) El conjunto ordenado de oportunidades de ascenso y expectativas de progreso profesional conforme a los principios de transparencia, objetividad, imparcialidad y no discriminación y se aplicarán sin menoscabo de los derechos de los empleados públicos.

c) El conjunto ordenado de oportunidades de ascenso y expectativas de progreso profesional conforme a los principios de igualdad, mérito y capacidad así como los contemplados en el artículo 55.2 del Estatuto Básico del Empleado Público.

d) El conjunto ordenado de oportunidades de ascenso y expectativas de progreso profesional conforme a los principios de transparencia, objetividad, imparcialidad y no discriminación y se aplicarán sin menoscabo de los derechos de los empleados públicos así como los contemplados en el artículo 55.2 del Estatuto Básico del Empleado Público.

86. Las Administraciones Públicas, al objeto de la carrera profesional de sus funcionarios de carrera promoverán la actualización y perfeccionamiento de:

a) La carrera horizontal.

b) La carrera vertical.

c) La promoción interna vertical.

d) La cualificación profesional.

87. El ascenso desde un cuerpo o escala de un Subgrupo, o Grupo de clasificación profesional en el supuesto de que este no tenga Subgrupo, a otro superior, de acuerdo con lo establecido en el artículo 18, se denomina en el Estatuto Básico del Empleado Público:

a) Carrera horizontal.

b) Carrera vertical.

c) Promoción interna vertical.

d) Promoción interna horizontal.

88. El ascenso en la estructura de puestos de trabajo por los procedimientos de provisión establecidos en el Capítulo III del Título V del Estatuto, se denomina en el Estatuto Básico del Empleado Público:

a) Carrera horizontal.

b) Carrera vertical.

c) Promoción interna vertical.

d) Promoción interna horizontal.

89. La progresión de grado, categoría, escalón u otros conceptos análogos, sin necesidad de cambiar de puesto de trabajo y de conformidad con lo establecido en la letra b) del artículo 17 y en el apartado 3 del artículo 20 del Estatuto, se denomina en el Estatuto Básico del Empleado Público:

a) Carrera horizontal.

b) Carrera vertical.

c) Promoción interna vertical.

d) Promoción interna horizontal.

90. El acceso a cuerpos o escalas del mismo Subgrupo profesional, de acuerdo con lo dispuesto en el artículo 18, se denomina en el Estatuto Básico del Empleado Público:

a) Carrera horizontal.
b) Carrera vertical.
c) Promoción interna vertical.
d) Promoción interna horizontal.

91. Las leyes de Función Pública que se dicten en desarrollo del Estatuto Básico del Empleado Público podrán regular la carrera horizontal de los funcionarios de carrera, para lo que:

a) Se articulará un sistema de grados, categorías o escalones de ascenso fijándose la remuneración global de ellos y los ascensos serán consecutivos con carácter general.
b) Se articulará un sistema de grados, categorías o escalones de ascenso fijándose la remuneración a cada uno de ellos y los ascensos serán consecutivos con carácter general.
c) Se articulará un sistema de grados, categorías o escalones de ascenso fijándose la remuneración a cada uno de ellos y los ascensos serán consecutivos con carácter excepcional.
d) Se articulará un sistema de grados, categorías o escalones de ascenso fijándose la remuneración a cada uno de ellos y los ascensos serán discontinuos con carácter general.

92. Las leyes de Función Pública que se dicten en desarrollo del Estatuto Básico del Empleado Público podrán regular la carrera horizontal de los funcionarios de carrera, para lo que, según el artículo 17.b):

a) Se deberá valorar los grados, categorías o escalones de ascenso, la calidad de los trabajos realizados, los conocimientos adquiridos y el resultado de la evaluación del desempeño, pudiéndose incluir asimismo otros méritos y aptitudes por razón de la especificidad de la función desarrollada y la experiencia adquirida.
b) Se deberá valorar la trayectoria y actuación profesional, la calidad de los trabajos realizados, los conocimientos adquiridos y el resultado de la evaluación del desempeño, pudiéndose incluir asimismo los grados, categorías o escalones de ascenso de la función desarrollada y la experiencia adquirida.
c) Se deberá valorar la trayectoria y actuación profesional, la calidad de los trabajos realizados, los conocimientos adquiridos y el resultado de la evaluación del desempeño, pudiéndose incluir asimismo otros méritos y aptitudes por razón de la especificidad de la función desarrollada y la experiencia adquirida.

d) Se deberá valorar la trayectoria y actuación profesional, los grados, categorías o escalones de ascenso y el resultado de la evaluación del desempeño, pudiéndose incluir asimismo otros méritos y aptitudes por razón de la especificidad de la función desarrollada y la experiencia adquirida.

93. La promoción interna de los funcionarios públicos se realizará mediante procesos selectivos que garanticen el cumplimiento de los principios constitucionales de:

a) Publicidad de las convocatorias y de sus bases.
b) Transparencia.
c) Igualdad, mérito y capacidad.
d) Independencia y discrecionalidad técnica en la actuación de los órganos de selección.

94. Los funcionarios podrán participar en la promoción interna siempre que posean los requisitos exigidos para el ingreso y tener una antigüedad de al menos:

a) Un año de servicio activo en el inferior Subgrupo, o Grupo de clasificación profesional, en el supuesto de que este no tenga Subgrupo.
b) Dos años de servicio activo en el inferior Subgrupo, o Grupo de clasificación profesional, en el supuesto de que este no tenga Subgrupo.
c) Tres años de servicio activo en el inferior Subgrupo, o Grupo de clasificación profesional, en el supuesto de que este no tenga Subgrupo.
d) Cuatro años de servicio activo en el inferior Subgrupo, o Grupo de clasificación profesional, en el supuesto de que este no tenga Subgrupo.

95. La carrera profesional y la promoción del personal laboral se hará efectiva a través de los procedimientos previstos:

a) En el Estatuto de los Trabajadores o en los convenios colectivos.
b) En el Estatuto Básico del Empleado Público o en los convenios colectivos.
c) En el Estatuto de los Trabajadores o en el Estatuto Básico del Empleado Público.
d) En los convenios colectivos.

96. Las Administraciones Públicas establecerán sistemas que permitan la evaluación del desempeño de sus empleados. La evaluación del desempeño es:

a) El procedimiento que consiste en la progresión de grado, categoría, escalón u otros conceptos análogos, sin necesidad de cambiar de puesto de trabajo.

b) El procedimiento mediante el cual se mide y valora la conducta profesional y el rendimiento o el logro de resultados.

c) El procedimiento mediante el cual se mide y valora los puestos de trabajo.

d) El procedimiento que consiste en el ascenso desde un cuerpo o escala de un Subgrupo, o Grupo de clasificación profesional en el supuesto de que este no tenga Subgrupo, a otro superior.

97. Los sistemas de evaluación del desempeño de los empleados públicos se adecuarán, en todo caso, a criterios de:

a) Transparencia, publicidad de las convocatorias y de sus bases y se aplicarán sin menoscabo de los derechos de los empleados públicos.

b) Transparencia, objetividad, imparcialidad y no discriminación y se aplicarán sin menoscabo de los derechos de los empleados públicos.

c) Transparencia, igualdad, mérito, capacidad y se aplicarán sin menoscabo de los derechos de los empleados públicos.

d) Transparencia, independencia, discrecionalidad técnica en la actuación de los órganos de selección y se aplicarán sin menoscabo de los derechos de los empleados públicos.

98. Señala la respuesta incorrecta de acuerdo con lo dispuesto en el artículo 20.3 del Real Decreto Legislativo 5/2015, de 30 de octubre, por el que se aprueba el Texto Refundido de la Ley del Estatuto Básico del Empleado Público. Las Administraciones Públicas determinarán los efectos de la evaluación en:

a) La carrera profesional horizontal.

b) La formación.

c) La provisión de puestos de trabajo.

d) La percepción de las retribuciones básicas previstas en el artículo 23 del presente Estatuto.

99. Las cuantías de las retribuciones básicas deberán reflejarse:

a) Para cada ejercicio presupuestario en la correspondiente Ley General Presupuestaria.

b) Para cada ejercicio presupuestario en la correspondiente Ley de Presupuestos.

c) Para cada ejercicio presupuestario en la correspondiente Ley General de Hacienda.

d) Para cada ejercicio presupuestario en la correspondiente Ley General Tributaria.

100. No podrán acordarse incrementos retributivos que globalmente supongan un incremento de la masa salarial superior a los límites fijados anualmente en la:

a) Ley General Presupuestaria.

b) Ley de Presupuestos Generales del Estado.

c) Ley General de Hacienda.

d) Ley General Tributaria.

101. Dentro de las retribuciones básicas de los funcionarios públicos, están comprendidas los componentes de:

a) Sueldo y complemento de puesto de trabajo de las pagas extraordinarias.

b) Sueldo y complemento de la carrera profesional de las pagas extraordinarias.

c) Sueldo y trienios de las pagas extraordinarias.

d) Sueldo y complemento de rendimiento de las pagas extraordinarias.

102. Son retribuciones complementarias:

a) Las del puesto de trabajo.

b) El sueldo.

c) Los trienios.

d) Las pagas extraordinarias.

Soluciones

1. c)	**11.** d)	**21.** a)	**31.** b)	**41.** d)	**51.** a)	**61.** c)	**71.** a)	**81.** c)	**91.** b)
2. b)	**12.** c)	**22.** c)	**32.** b)	**42.** d)	**52.** c)	**62.** c)	**72.** d)	**82.** a)	**92.** c)
3. a)	**13.** c)	**23.** a)	**33.** b)	**43.** d)	**53.** c)	**63.** d)	**73.** a)	**83.** d)	**93.** c)
4. d)	**14.** c)	**24.** b)	**34.** d)	**44.** c)	**54.** a)	**64.** d)	**74.** c)	**84.** b)	**94.** b)
5. b)	**15.** b)	**25.** c)	**35.** c)	**45.** c)	**55.** a)	**65.** c)	**75.** b)	**85.** a)	**95.** a)
6. d)	**16.** d)	**26.** a)	**36.** b)	**46.** c)	**56.** a)	**66.** c)	**76.** a)	**86.** d)	**96.** b)
7. d)	**17.** b)	**27.** c)	**37.** b)	**47.** c)	**57.** a)	**67.** d)	**77.** a)	**87.** c)	**97.** b)
8. c)	**18.** c)	**28.** c)	**38.** c)	**48.** a)	**58.** c)	**68.** a)	**78.** a)	**88.** b)	**98.** d)
9. c)	**19.** c)	**29.** b)	**39.** a)	**49.** b)	**59.** d)	**69.** a)	**79.** d)	**89.** a)	**99.** b)
10. d)	**20.** d)	**30.** d)	**40.** b)	**50.** a)	**60.** c)	**70.** b)	**80.** d)	**90.** d)	**100.** b)

103. Las pagas extraordinarias serán dos al año, y no formarán parte de estas:

a) El complemento de destino (la progresión alcanzada por el funcionario dentro del sistema de carrera administrativa).

b) El complemento específico (la especial dificultad técnica, responsabilidad, dedicación, incompatibilidad exigible para el desempeño de determinados puestos de trabajo o las condiciones en que se desarrolla el trabajo).

c) La productividad (el grado de interés, iniciativa o esfuerzo con que el funcionario desempeña su trabajo y el rendimiento o resultados obtenidos).

d) Las retribuciones básicas.

104. Los funcionarios interinos no percibirán las retribuciones complementarias de:

a) La progresión alcanzada por el funcionario dentro del sistema de carrera administrativa.

b) La especial dificultad técnica, responsabilidad, dedicación, incompatibilidad exigible para el desempeño de determinados puestos de trabajo o las condiciones en que se desarrolla el trabajo.

c) El grado de interés, iniciativa o esfuerzo con que el funcionario desempeña su trabajo y el rendimiento o resultados obtenidos.

d) Los servicios extraordinarios prestados fuera de la jornada normal de trabajo.

105. Con respecto a los funcionarios interinos:

a) Se reconocerán los trienios correspondientes a los servicios prestados antes de la entrada en vigor del presente Estatuto que tendrán efectos retributivos únicamente a partir de la entrada en vigor del mismo.

b) No se reconocerán los trienios correspondientes a los servicios prestados antes de la entrada en vigor del presente Estatuto.

c) Se reconocerán los trienios correspondientes a los servicios prestados antes de la entrada en vigor del presente Estatuto que tendrán efectos retributivos desde el día de su nombramiento.

d) Se reconocerán los trienios correspondientes a los servicios prestados antes de la entrada en vigor del presente Estatuto que tendrán efectos retributivos desde el día de su incorporación a la Administración.

106. Los funcionarios interinos percibirán:

a) Las retribuciones del sueldo del Subgrupo o Grupo, en el supuesto de que este no tenga Subgrupo, en que se le nombre.

b) Las retribuciones básicas y las pagas extraordinarias correspondientes al Subgrupo o Grupo de adscripción, en el supuesto de que este no tenga Subgrupo. Percibirán asimismo las retribuciones complementarias a que se refieren los apartados b), c) y d) del artículo 24 y las correspondientes a la categoría de entrada en el cuerpo o escala en el que se le nombre.

c) Las retribuciones básicas y las pagas extraordinarias correspondientes al Subgrupo o Grupo de adscripción, en el supuesto de que este no tenga Subgrupo. Percibirán asimismo las retribuciones complementarias a que se refieren los apartados a), c) y d) del artículo 24 y las correspondientes a la categoría de entrada en el cuerpo o escala en el que se le nombre.

d) Las retribuciones básicas y las pagas extraordinarias correspondientes al Subgrupo o Grupo de adscripción, en el supuesto de que este no tenga Subgrupo. Percibirán asimismo las retribuciones complementarias a que se refieren los apartados a), b) y c) del artículo 24 y las correspondientes a la categoría de entrada en el cuerpo o escala en el que se le nombre.

107. Las Administraciones Públicas determinarán las retribuciones de los funcionarios en prácticas que, como mínimo, se corresponderán a:

a) Las retribuciones del sueldo del Subgrupo o Grupo, en el supuesto de que este no tenga Subgrupo, en que aspiren a ingresar.

b) Las retribuciones básicas y las pagas extraordinarias correspondientes al Subgrupo o Grupo de adscripción, en el supuesto de que este no tenga Subgrupo. Percibirán asimismo las retribuciones complementarias a que se refieren los apartados b), c) y d) del artículo 24 y las correspondientes a la categoría de entrada en el cuerpo o escala en que aspiren a ingresar.

c) Las retribuciones básicas y las pagas extraordinarias correspondientes al Subgrupo o Grupo de adscripción, en el supuesto de que este no tenga Subgrupo. Percibirán asimismo las retribuciones complementarias a que se refieren los apartados a), c) y d) del artículo 24 y las correspondientes a la categoría de entrada en el cuerpo o escala en que aspiren a ingresar.

d) Las retribuciones básicas y las pagas extraordinarias correspondientes al Subgrupo o Grupo de adscripción, en el supuesto de que este no tenga Subgrupo. Percibirán asimismo las retribuciones complementarias a que se refieren los apartados a), b) y c) del artículo 24 y las correspondientes a la categoría de entrada en el cuerpo o escala en que aspiren a ingresar.

108. Las cantidades destinadas a financiar aportaciones a planes de pensiones o contratos de seguros tendrán a todos los efectos la consideración de:

a) Pensión contributiva.
b) Retribución diferida.
c) Pensión diferida.
d) Retribución en especie.

109. Las Administraciones Públicas podrán destinar cantidades a financiar aportaciones a planes de pensiones de empleo o contratos de seguro colectivos que incluyan la cobertura de la contingencia de jubilación, para el personal incluido en sus ámbitos, de acuerdo con lo establecido en la normativa reguladora de los Planes de Pensiones, hasta el porcentaje de la masa salarial que se fije en la:

a) Ley General Presupuestaria.
b) Ley de Presupuestos Generales del Estado.
c) Ley General de Hacienda.
d) Ley General Tributaria.

110. La parte de jornada no realizada dará lugar a:

a) La sanción proporcional, que tendrá carácter sancionador.
b) La sanción proporcional, que tendrá carácter remuneratorio.
c) La deducción proporcional de haberes, que no tendrá carácter sancionador.
d) La deducción proporcional de haberes, que tendrá carácter sancionador.

111. Quienes ejerciten el derecho de huelga:

a) Devengarán y percibirán las retribuciones correspondientes al tiempo en que hayan permanecido en esa situación sin que la deducción de haberes que se efectúe tenga carácter de sanción, ni afecte al régimen respectivo de sus prestaciones sociales.
b) No devengarán ni percibirán las retribuciones correspondientes al tiempo en que hayan permanecido en esa situación sin que la deducción de haberes que se efectúe tenga carácter de sanción, ni afecte al régimen respectivo de sus prestaciones sociales.
c) No devengarán ni percibirán las retribuciones correspondientes al tiempo en que hayan permanecido en esa situación sin que la deducción de haberes que se efectúe tenga carácter de sanción, afectando al régimen respectivo de sus prestaciones sociales.

d) No devengarán ni percibirán las retribuciones correspondientes al tiempo en que hayan permanecido en esa situación y la deducción de haberes que se efectúe tiene carácter de sanción, afectando al régimen respectivo de sus prestaciones sociales.

112. En el supuesto de fallecimiento del padre del funcionario público cuando tenga lugar en distinta localidad, tendrá derecho a un permiso de:

a) 2 días hábiles.
b) 3 días hábiles.
c) 4 días hábiles.
d) 5 días hábiles.

113. En el supuesto de una enfermedad grave del cónyuge del funcionario público, tendrá derecho a un permiso de:

a) 2 días hábiles.
b) 3 días hábiles.
c) 4 días hábiles.
d) 5 días hábiles.

114. En el supuesto de accidente grave del cuñado del funcionario público cuando tenga lugar en la misma localidad, tendrá derecho a un permiso de:

a) 2 días hábiles.
b) 3 días hábiles.
c) 4 días hábiles.
d) 5 días hábiles.

115. En el supuesto de accidente grave del hijo del funcionario público cuando tenga lugar en distinta localidad, tendrá derecho a un permiso de:

a) Ninguno.
b) 3 días hábiles.
c) 4 días hábiles.
d) 5 días hábiles.

116. En el supuesto de fallecimiento del sobrino del funcionario público cuando tenga lugar en distinta localidad, tendrá derecho a un permiso de:

a) Ningún día.
b) 3 días hábiles.
c) 4 días hábiles.
d) 5 días hábiles.

117. Por traslado de domicilio sin cambio de residencia, el funcionario público tendrá derecho a un permiso de:

a) Ningún día.
b) 1 día.
c) 2 días.
d) 3 días.

118. El funcionario tendrá derecho a una hora de ausencia del trabajo que podrá dividir en dos fracciones por lactancia de un hijo menor de:

a) Quince meses.
b) Doce meses.
c) Dieciocho meses.
d) Tres años.

119. Por nacimiento de hijos prematuros o que por cualquier otra causa deban permanecer hospitalizados a continuación del parto, la funcionaria o el funcionario tendrá derecho:

a) A una hora de ausencia del trabajo que podrá dividir en dos fracciones.
b) A ausentarse del trabajo durante un máximo de dos horas diarias percibiendo las retribuciones íntegras.
c) A reducir su jornada de trabajo hasta un máximo de dos horas, percibiendo las retribuciones íntegras.
d) A dos horas de ausencia del trabajo que podrá dividir en dos fracciones.

120. Por razones de guarda legal, tendrá derecho a la reducción de su jornada de trabajo, con la disminución de sus retribuciones que corresponda cuando el funcionario tenga el cuidado directo de algún menor de:

a) Quince años.
b) Catorce años.
c) Trece años.
d) Doce años.

121. Por ser preciso atender el cuidado de un familiar de primer grado, por razones de enfermedad muy grave y por el plazo máximo de un mes el funcionario tendrá derecho:

a) A la reducción de su jornada de trabajo, con la disminución de sus retribuciones que corresponda.
b) A solicitar una reducción de hasta el cincuenta por ciento de la jornada laboral, con carácter retribuido.
c) A reducir su jornada de trabajo hasta un máximo de dos horas, percibiendo las retribuciones íntegras.
d) A dos horas de ausencia del trabajo que podrá dividir en dos fracciones.

122. En el supuesto de fallecimiento del padre del funcionario público cuando tenga lugar en la misma localidad, tendrá derecho a un permiso de:

a) 2 días hábiles.
b) 3 días hábiles.
c) 4 días hábiles.
d) 5 días hábiles.

123. En el supuesto de una enfermedad grave del cónyuge del funcionario público cuando tenga lugar en distinta localidad, tendrá derecho a un permiso de:

a) 2 días hábiles.
b) 3 días hábiles.
c) 4 días hábiles.
d) 5 días hábiles.

124. En el supuesto de accidente grave del cuñado del funcionario público cuando tenga lugar en distinta localidad, tendrá derecho a un permiso de:

a) 2 días hábiles.
b) 3 días hábiles.
c) 4 días hábiles.
d) 5 días hábiles.

125. En el supuesto de accidente grave de la hija del funcionario público cuando tenga lugar en la misma localidad, tendrá derecho a un permiso de:

a) Ninguno.
b) 3 días hábiles.
c) 4 días hábiles.
d) 5 días hábiles.

126. En el supuesto de fallecimiento de la tía del funcionario público cuando tenga lugar en distinta localidad, tendrá derecho a un permiso de:

a) Ningún día.
b) 3 días hábiles.
c) 4 días hábiles.
d) 5 días hábiles.

127. La funcionaria tendrá un permiso por nacimiento como madre biológica, de una duración de:

a) Doce semanas de las cuales las cuatro semanas inmediatas posteriores al parto serán en todo caso de descanso obligatorio e ininterrumpidas. Este permiso se ampliará en dos semanas más en el supuesto de discapacidad del hijo o hija y, por cada hijo o hija a partir del segundo en los supuestos de parto múltiple, una para cada uno de los progenitores.

b) Trece semanas de las cuales las cinco semanas inmediatas posteriores al parto serán en todo caso de descanso obligatorio o ininterrumpidas. Este permiso se ampliará en dos semanas más en el supuesto de discapacidad del hijo o hija y, por cada hijo o hija a partir del segundo en los supuestos de parto múltiple, una para cada uno de los progenitores.

c) Dieciséis semanas, de las cuales las seis semanas inmediatas posteriores al parto serán en todo caso de descanso obligatorio e ininterrumpidas. Este permiso se ampliará en dos semanas más en el supuesto de discapacidad del hijo o hija y, por cada hijo o hija a partir del segundo en los supuestos de parto múltiple, una para cada uno de los progenitores.

d) Veinte semanas, de las cuales las siete semanas inmediatas posteriores al parto serán en todo caso de descanso obligatorio e ininterrumpidas. Este permiso se ampliará en dos semanas más en el supuesto de discapacidad del hijo o hija y, por cada hijo o hija a partir del segundo en los supuestos de parto múltiple, una para cada uno de los progenitores.

128. El permiso por nacimiento como madre biológica se disfrutará de manera que, al menos:

a) Cuatro semanas sean inmediatamente posteriores e ininterrumpidas al parto.

b) Seis semanas sean inmediatamente posteriores e ininterrumpidas al parto.

c) Siete semanas sean inmediatamente posteriores e ininterrumpidas al parto.

d) Ocho semanas sean inmediatamente posteriores e ininterrumpidas al parto.

129. El permiso por nacimiento como madre biológica, en el supuesto de discapacidad del hijo o hija, y por cada hijo o hija a partir del segundo en los supuestos de parto múltiple, se ampliará en:

a) Cuatro semanas más dos para cada uno de los progenitores.

b) Dos semanas más para la madre biológica y otras dos para el otro progenitor.

c) Dos semanas más, una para cada uno de los progenitores.

d) Las veinte semanas o de las que correspondan en caso de discapacidad del hijo o de parto múltiple.

130. En los casos de parto prematuro y en aquellos en que, por cualquier otra causa, el neonato deba permanecer hospitalizado a continuación del parto, el permiso por nacimiento para la madre biológica se ampliará en tantos días como el neonato se encuentre hospitalizado, con un máximo de:

a) Doce semanas adicionales.

b) Trece semanas adicionales.

c) Dieciséis semanas adicionales.

d) Veinte semanas adicionales.

131. El funcionario podrá disfrutar un permiso por adopción, por guarda con fines de adopción, o acogimiento, tanto temporal como permanente, que tendrá una duración de:

a) Doce semanas. Seis semanas deberán disfrutarse a jornada completa de forma obligatoria e ininterrumpida inmediatamente después de la resolución judicial por la que se constituye la adopción o bien de la decisión administrativa de guarda con fines de adopción o de acogimiento.

b) Trece semanas ininterrumpidas. Seis semanas deberán disfrutarse a jornada completa de forma obligatoria e ininterrumpida inmediatamente después de la resolución judicial por la que se constituye la adopción o bien de la decisión administrativa de guarda con fines de adopción o de acogimiento.

c) Dieciséis semanas. Seis semanas deberán disfrutarse a jornada completa de forma obligatoria e ininterrumpida inmediatamente después de la resolución judicial por la que se constituye la adopción o bien de la decisión administrativa de guarda con fines de adopción o de acogimiento.

d) Veinte semanas ininterrumpidas. Seis semanas deberán disfrutarse a jornada completa de forma obligatoria e ininterrumpida inmediatamente después de la resolución judicial por la que se constituye la adopción o bien de la decisión administrativa de guarda con fines de adopción o de acogimiento.

132. En el caso de que ambos progenitores trabajen y transcurridas las seis primeras semanas de descanso obligatorio, el período de disfrute del permiso por adopción, por guarda con fines de adopción, o acogimiento podrá llevarse a cabo de manera interrumpida y ejercitarse desde la finalización del descanso obligatorio posterior al hecho causante hasta que el hijo o la hija cumpla:

a) Seis meses.

b) Nueve meses.

c) Doce meses.

d) Quince meses.

133. Si fuera necesario el desplazamiento previo de los progenitores al país de origen del adoptado, en los casos de adopción o acogimiento internacional, se tendrá derecho, además, a un permiso de:

a) Hasta dos meses de duración, percibiendo durante este periodo exclusivamente las retribuciones básicas y complemento de destino.

b) Hasta dos meses de duración, percibiendo durante este periodo exclusivamente las retribuciones básicas.

c) Hasta tres meses de duración, percibiendo durante este periodo exclusivamente las retribuciones básicas y complemento de destino.

d) Hasta tres meses de duración, percibiendo durante este periodo exclusivamente las retribuciones básicas.

134. Los supuestos de adopción, guarda con fines de adopción o acogimiento, tanto temporal como permanente, previstos en el artículo 49 del Real Decreto Legislativo 5/2015, de 30 de octubre, por el que se aprueba el Texto Refundido de la Ley del Estatuto Básico del Empleado Público, serán los que así se establezcan en el Código Civil o en las leyes civiles de las comunidades autónomas que los regulen, debiendo tener el acogimiento temporal una duración:

a) No inferior a cuatro años.
b) No inferior a tres años.
c) No inferior a dos años.
d) No inferior a un año.

135. Los funcionarios tendrán derecho a un permiso del progenitor diferente de la madre biológica por nacimiento, guarda con fines de adopción, acogimiento o adopción de un hijo o hija que tendrá una duración de:

a) Doce semanas de las cuales las seis semanas inmediatas posteriores al hecho causante serán en todo caso de descanso obligatorio. Este permiso se ampliará en dos semanas más, una para cada uno de los progenitores, en el supuesto de discapacidad del hijo o hija, y por cada hijo o hija a partir del segundo en los supuestos de nacimiento, adopción, guarda con fines de adopción o acogimiento múltiples, a disfrutar a partir de la fecha del nacimiento, de la decisión administrativa de guarda con fines de adopción o acogimiento, o de la resolución judicial por la que se constituya la adopción.

b) Catorce semanas de las cuales las seis semanas inmediatas posteriores al hecho causante serán en todo caso de descanso obligatorio. Este permiso se ampliará en dos semanas más, una para cada uno de los progenitores, en el supuesto de discapacidad del hijo o hija, y por cada hijo o hija a partir del segundo en los supuestos de nacimiento, adopción, guarda con fines de adopción o acogimiento múltiples, a disfrutar a partir de la fecha del nacimiento, de la decisión administrativa de guarda con fines de adopción o acogimiento, o de la resolución judicial por la que se constituya la adopción.

c) Dieciséis semanas de las cuales las seis semanas inmediatas posteriores al hecho causante serán en todo caso de descanso obligatorio. Este permiso se ampliará en dos semanas más, una para cada uno de los progenitores, en el supuesto de discapacidad del hijo o hija, y por cada hijo o hija a partir del segundo en los supuestos de nacimiento, adopción, guarda con fines de adopción o acogimiento múltiples, a disfrutar a partir de la fecha del nacimiento, de la decisión administrativa de guarda con fines de adopción o acogimiento, o de la resolución judicial por la que se constituya la adopción.

d) Veinte semanas de las cuales las seis semanas inmediatas posteriores al hecho causante serán en todo caso de descanso obligatorio. Este permiso se ampliará en dos semanas más, una para cada uno de los progenitores, en el supuesto de discapacidad del hijo o hija, y por cada hijo o hija a partir del segundo en los supuestos de nacimiento, adopción, guarda con fines de adopción o acogimiento múltiples, a disfrutar a partir de la fecha del nacimiento, de la decisión administrativa de guarda con fines de adopción o acogimiento, o de la resolución judicial por la que se constituya la adopción.

136. Las funcionarias víctimas de violencia sobre la mujer, para hacer efectiva su protección o su derecho de asistencia social integral, tendrán derecho a:

a) La reducción de la jornada con disminución proporcional de la retribución, o la reordenación del tiempo de trabajo, a través de la adaptación del horario, de la aplicación del horario flexible o de otras formas de ordenación del tiempo de trabajo que sean aplicables, en los términos que para estos supuestos establezca la Administración Pública competente en cada caso.

b) Una reducción de la jornada de trabajo de al menos la mitad de la duración de aquella, percibiendo las retribuciones íntegras con cargo a los presupuestos del órgano o entidad donde vengan prestando sus servicios.

c) La plenitud de derechos económicos de la funcionaria durante todo el periodo de duración del permiso y, en su caso, durante los periodos posteriores al disfrute de este, si de acuerdo con la normativa aplicable, el derecho a percibir algún concepto retributivo se determina en función del periodo de disfrute del permiso.

d) Una reducción de la jornada de trabajo de al menos un tercio de la duración de aquella, percibiendo las retribuciones proporcionales con cargo a los presupuestos del órgano o entidad donde venga prestando sus servicios.

137. Los funcionarios que hayan hecho uso del permiso por nacimiento, adopción, guarda con fines de adopción o acogimiento, tanto temporal como permanente, tendrán derecho, una vez finalizado el periodo de permiso a:

a) La reducción de la jornada con disminución proporcional de la retribución, o la reordenación del tiempo de trabajo, a través de la adaptación del horario, de la aplicación del horario flexible o de otras formas de ordenación del tiempo de trabajo que sean aplicables, en los términos que para estos supuestos establezca la Administración Pública competente en cada caso.

b) Una reducción de la jornada de trabajo de al menos la mitad de la duración de aquella, percibiendo las retribuciones íntegras con cargo a los presupuestos del órgano o entidad donde vengan prestando sus servicios.

c) A reintegrarse a su puesto de trabajo en términos y condiciones que no les resulten menos favorables al disfrute del permiso, así como a beneficiarse de cualquier mejora en las condiciones de trabajo a las que hubieran podido tener derecho durante su ausencia.

d) Una reducción de la jornada de trabajo de al menos un tercio de la duración de aquella, percibiendo las retribuciones proporcionales con cargo a los presupuestos del órgano o entidad donde vengan prestando sus servicios.

138. Los funcionarios que hayan hecho uso del permiso por cuidado de hijo menor afectado por cáncer u otra enfermedad grave tendrán derecho, siempre que ambas personas progenitoras, adoptantes, guardadoras con fines de adopción o acogedoras de carácter per-manente trabajen, a:

a) La reducción de la jornada con disminución proporcional de la retribución, o la reordenación del tiempo de trabajo, a través de la adaptación del horario, de la aplicación del horario flexible o de otras formas de ordenación del tiempo de trabajo que sean aplicables, en los términos que para estos supuestos establezca la Administración Pública competente en cada caso.

b) Una reducción de la jornada de trabajo de al menos la mitad de la duración de aquella, percibiendo las retribuciones íntegras con cargo a los presupuestos del órgano o entidad donde vengan prestando sus servicios.

c) La plenitud de derechos económicos de la funcionaria y, en su caso, del otro progenitor funcionario, durante todo el periodo de duración del permiso y, en su caso, durante los periodos posteriores al disfrute de este, si

de acuerdo con la normativa aplicable, el derecho a percibir algún concepto retributivo se determina en función del periodo de disfrute del permiso.

d) Una reducción de la jornada de trabajo de al menos un tercio de la duración de aquella, percibiendo las retribuciones proporcionales con cargo a los presupuestos del órgano o entidad donde vengan prestando sus servicios.

139. Para hacer efectivo su derecho a la protección y a la asistencia social integral, los funcionarios que hayan sufrido daños físicos o psíquicos como consecuencia de la actividad terrorista, su cónyuge o persona con análoga relación de afectividad, y los hijos de los heridos y fallecidos, siempre que ostenten la condición de funcionarios y de víctimas del terrorismo de acuerdo con la legislación vigente, tendrán derecho a:

a) La reducción de la jornada con disminución proporcional de la retribución, o la reordenación del tiempo de trabajo, a través de la adaptación del horario, de la aplicación del horario flexible o de otras formas de ordenación del tiempo de trabajo que sean aplicables, en los términos que para estos supuestos establezca la Administración Pública competente en cada caso.

b) Una reducción de la jornada de trabajo de al menos la mitad de la duración de aquella, percibiendo las retribuciones íntegras con cargo a los presupuestos del órgano o entidad donde vengan prestando sus servicios.

c) La plenitud de derechos económicos de la funcionaria y, en su caso, del otro progenitor funcionario, durante todo el periodo de duración del permiso, y, en su caso, durante los periodos posteriores al disfrute de este, si de acuerdo con la normativa aplicable, el derecho a percibir algún concepto retributivo se determina en función del periodo de disfrute del permiso.

d) Una reducción de la jornada de trabajo de al menos un tercio de la duración de aquella, percibiendo las retribuciones proporcionales con cargo a los presupuestos del órgano o entidad donde vengan prestando sus servicios.

140. Los funcionarios públicos tendrán derecho a disfrutar, durante cada año natural, de unas vacaciones retribuidas de:

a) Veinte días hábiles, o de los días que correspondan proporcionalmente si el tiempo de servicio durante el año fue menor.

b) Veintidós días hábiles, o de los días que correspondan proporcionalmente si el tiempo de servicio durante el año fue menor.

c) Treinta días naturales, o de los días que correspondan proporcionalmente si el tiempo de servicio durante el año fue menor.
d) Treinta días hábiles, o de los días que correspondan proporcionalmente si el tiempo de servicio durante el año fue menor.

141. A los efectos de lo previsto en el artículo 14. m) y 50.1 del Real Decreto Legislativo 5/2015, de 30 de octubre, por el que se aprueba el Texto Refundido de la Ley del Estatuto Básico del Empleado Público:

a) Se considerarán como días hábiles los sábados, sin perjuicio de las adaptaciones que se establezcan para los horarios especiales.
b) No se considerarán como días hábiles los sábados, sin perjuicio de las adaptaciones que se establezcan para los horarios especiales.
c) No se considerarán como días hábiles los domingos, sin perjuicio de las adaptaciones que se establezcan para los horarios especiales.
d) Se considerarán como días hábiles los festivos, sin perjuicio de las adaptaciones que se establezcan para los horarios especiales.

142. ¿En qué situación el funcionario o funcionaria no podrá disfrutar el periodo vacacional cuando se haya terminado el año natural a que correspondan?

a) Permiso de maternidad.
b) Permiso por asuntos particulares.
c) Permiso de incapacidad temporal.
d) Permiso de riesgo durante la lactancia.

143. En la situación del riesgo durante el embarazo de la funcionaria, que impida iniciar el disfrute de las vacaciones dentro del año natural al que correspondan, o una vez iniciado el periodo vacacional sobreviniera la situación del riesgo durante el embarazo, el periodo vacacional se podrá disfrutar aunque haya terminado el año natural a que correspondan y siempre que no hayan transcurrido más de:

a) Doce meses a partir del final del año en que se hayan originado.
b) Catorce meses a partir del final del año en que se hayan originado.
c) Dieciséis meses a partir del final del año en que se hayan originado.
d) Dieciocho meses a partir del final del año en que se hayan originado.

144. A propósito del derecho reconocido en el artículo 14. m) del Real Decreto Legislativo 5/2015, de 30 de octubre, por el que se aprueba el Texto Refundido de la Ley del Estatuto Básico del Empleado Público, un funcionario que ha ingresado en la Administración General del Estado el 19 de febrero de 2007, tendrá derecho a un disfrute en el año 2024 de unas vacaciones de:

a) Veinte días hábiles.
b) Veintidós días hábiles.
c) Veintitrés días hábiles.
d) Veinticuatro días hábiles.

145. Conforme a lo dispuesto en el artículo 14. m) del Real Decreto Legislativo 5/2015, de 30 de octubre, por el que se aprueba el Texto Refundido de la Ley del Estatuto Básico del Empleado Público, un funcionario que ha ingresado en la Administración General del Estado el 19 de febrero de 2020, tendrá derecho a un disfrute en el año 2024 de unas vacaciones de:

a) Veinte días hábiles.
b) Veintidós días hábiles.
c) Veintitrés días hábiles.
d) Veinticuatro días hábiles.

146. A propósito del derecho reconocido en el artículo 14. m) del Real Decreto Legislativo 5/2015, de 30 de octubre, por el que se aprueba el Texto Refundido de la Ley del Estatuto Básico del Empleado Público, un funcionario que ha ingresado en la Administración General del Estado el 19 de febrero de 2001, tendrá derecho a un disfrute en el año 2024 de unas vacaciones de:

a) Veinticinco días hábiles.
b) Veintiséis días hábiles.
c) Veintitrés días hábiles.
d) Veinticuatro días hábiles.

147. A tenor de lo dispuesto en el artículo 14. m) del Real Decreto Legislativo 5/2015, de 30 de octubre, por el que se aprueba el Texto Refundido de la Ley del Estatuto Básico del Empleado Público, un funcionario que ha ingresado en la Administración General del Estado el 19 de febrero de 1998, tendrá derecho a un disfrute en el año 2024 de unas vacaciones de:

a) Veinticinco días hábiles.
b) Veintiséis días hábiles.
c) Veintitrés días hábiles.
d) Veinticuatro días hábiles.

148. A tenor de lo dispuesto en el artículo 14. m), un funcionario que ha ingresado en la Administración General del Estado el 19 de febrero de 1994, tendrá derecho a un disfrute en el año 2024 de unas vacaciones de:

a) Veinticinco días hábiles.
b) Veintiséis días hábiles.
c) Veintisiete días hábiles.
d) Treinta días hábiles.

149. A tenor de lo dispuesto en el artículo 14. m), un funcionario que ha ingresado en la Administración General del Estado el 19 de febrero de 1992, tendrá derecho a un disfrute en el año 2024 de unas vacaciones de:

a) Veinticinco días hábiles.
b) Veintiséis días hábiles.
c) Veintisiete días hábiles.
d) Treinta días hábiles.

150. Conforme a lo dispuesto en el artículo 14. m), las vacaciones se disfrutarán, previa autorización y siempre que resulte compatible con las necesidades del servicio, dentro del año natural y hasta el 31 de enero del año siguiente, en periodos mínimos de:

a) 2 días hábiles consecutivos.
b) 3 días hábiles consecutivos.
c) 4 días hábiles consecutivos.
d) 5 días hábiles consecutivos.

151. A pesar de la respuesta a la pregunta anterior y de acuerdo con lo dispuesto en el artículo 14. m), 50 del Real Decreto Legislativo 5/2015, de 30 de octubre, por el que se aprueba el Texto Refundido de la Ley del Estatuto Básico del Empleado Público y la Resolución de 28 de febrero de 2019, de la Secretaría de Estado de Función Pública, por la que se dictan instrucciones sobre jornada y horarios de trabajo del personal al servicio de la Administración General del Estado y sus organismos públicos (Punto n.º 9), y siempre que las necesidades del servicio lo permitan, de los días de vacaciones previstos en el punto 9.1 de la instrucción citada, se podrá solicitar el disfrute independiente de hasta:

a) 2 días hábiles por año natural.
b) 3 días hábiles por año natural.
c) 4 días hábiles por año natural.
d) 5 días hábiles por año natural.

152. Conforme a lo dispuesto en el artículo 14. m) del Real Decreto Legislativo 5/2015, de 30 de octubre, por el que se aprueba el Texto Refundido de la Ley del Estatuto Básico del Empleado Público y la Resolución de 28 de febrero de 2019, de la Secretaría de Estado de Función Pública, por la que se dictan instrucciones sobre jornada y horarios de trabajo del personal al servicio de la Administración General del Estado y sus organismos públicos (Punto n.º 9.7), a lo largo de cada año los empleados públicos tendrán derecho a disfrutar de un permiso por asuntos particulares de:

a) 3 días.
b) 4 días.
c) 5 días.
d) 6 días.

153. Conforme a lo dispuesto en el artículo 14. m) del Real Decreto Legislativo 5/2015, de 30 de octubre, por el que se aprueba el Texto Refundido de la Ley del Estatuto Básico del Empleado Público y la Resolución de 28 de febrero de 2019, de la Secretaría de Estado de Función Pública, por la que se dictan instrucciones sobre jornada y horarios de trabajo del personal al servicio de la Administración General del Estado y sus organismos públicos (Punto n.º 9.7), un funcionario que ha ingresado en la Administración General del Estado el 19 de febrero de 2003 tendrá derecho a un disfrute en el año 2024 de un permiso por asuntos particulares de:

a) 8 días.
b) 9 días.
c) 5 días.
d) 6 días.

154. Según lo dispuesto en la Resolución de 28 de febrero de 2019, de la Secretaría de Estado de Función Pública, por la que se dictan instrucciones sobre jornada y horarios de trabajo del personal al servicio de la Administración General del Estado y sus organismos públicos (Punto n.º 9.7), un funcionario que ha ingresado en la Administración General del Estado el 19 de febrero de 1998, tendrá derecho a un disfrute en el año 2024 de un permiso por asuntos particulares de:

a) 8 días.
b) 9 días.
c) 5 días.
d) 6 días.

155. Según lo dispuesto en la Resolución de 28 de febrero de 2019, de la Secretaría de Estado de Función Pública, por la que se dictan instrucciones sobre jornada y horarios de trabajo del personal al servicio de la Administración General del Estado y sus organismos públicos (Punto n.º 9.7), un funcionario que ha ingresado en la Administración General del Estado el 19 de febrero de 2013, tendrá derecho a un disfrute en el año 2024 de un permiso por asuntos particulares de:

a) 8 días.
b) 9 días.
c) 5 días.
d) 6 días.

156. Según lo dispuesto en la Resolución de 28 de febrero de 2019, de la Secretaría de Estado de Función Pública, por la que se dictan instrucciones sobre jornada y horarios de trabajo del personal al servicio de la Administración General del Estado y sus organismos públicos (Punto n.º 9.7), los empleados públicos tendrán derecho a disfrutar de dos días adicionales de permiso por asuntos particulares desde el día siguiente al del cumplimiento del:

a) Quinto trienio.
b) Sexto trienio.
c) Séptimo trienio.
d) Octavo trienio.

157. Según lo dispuesto en la Resolución de 28 de febrero de 2019, de la Secretaría de Estado de Función Pública, por la que se dictan instrucciones sobre jornada y horarios de trabajo del personal al servicio de la Administración General del Estado y sus organismos públicos (Punto n.º 9.7), los empleados públicos tendrán derecho a disfrutar de dos días adicionales de permiso por asuntos particulares, incrementándose, como máximo, en un día adicional por cada trienio cumplido a partir del:

a) Quinto trienio.
b) Sexto trienio.
c) Séptimo trienio.
d) Octavo trienio.

158. De acuerdo con lo dispuesto en el artículo 14. c), 17, 24 y la Disposición Final Cuarta del Real Decreto Legislativo 5/2015, de 30 de octubre, por el que se aprueba el Texto Refundido de la Ley del Estatuto Básico del Empleado Público, el funcionario José Carlos, del subgrupo C1 tiene un grado consolidado de nivel 18 en los servicios centrales del Ministerio de Hacienda y obtiene un puesto de nivel 16, tras participar en el concurso en la Subdelegación del Gobierno en Almería; una vez incorporado a su puesto en la Subdelegación del Gobierno en Almería tendrá derecho al percibo del complemento de destino, del nivel:

a) 15, ya que es el nivel mínimo de su subgrupo.
b) 16, ya que es el nivel del puesto adjudicado tras participar en el concurso en la Subdelegación del Gobierno en Almería.
c) 18, ya que es el nivel del grado consolidado.
d) 22, ya que es el nivel máximo de su subgrupo.

159. Conforme a lo dispuesto en el artículo 14. c), 17, 24 y la Disposición Final Cuarta del Real Decreto Legislativo 5/2015, de 30 de octubre, por el que se aprueba el Texto Refundido de la Ley del Estatuto Básico del Empleado Público, el funcionario Pedro, del subgrupo C1 tiene un grado consolidado de nivel 15 y ocupa en comisión de servicio un puesto de nivel 18 en los servicios centrales del Ministerio de Hacienda y obtiene un puesto de nivel 16, tras participar en el concurso en la Subdelegación del Gobierno en Almería; una vez incorporado a su puesto en la Subdelegación del Gobierno en Almería tendrá derecho al percibo del complemento de destino, del nivel:

a) 18, ya que es el nivel del puesto desempeñado en comisión de servicio.
b) 16, ya que es el nivel del puesto adjudicado tras participar en el concurso en la Subdelegación del Gobierno en Almería.
c) 15, ya que es el nivel del grado consolidado.
d) 22, ya que es el nivel máximo de su subgrupo.

160. Según lo dispuesto en el artículo 14. c), 17, 24 y en la Disposición Final Cuarta del Real Decreto Legislativo 5/2015, de 30 de octubre, por el que se aprueba el Texto Refundido de la Ley del Estatuto Básico del Empleado Público, el funcionario José Carlos, del subgrupo C1 tiene un grado consolidado de nivel 18 en los servicios centrales del Ministerio de Hacienda, pero está ocupando provisionalmente en comisión de servicio un puesto de nivel 16; tendrá derecho al percibo del complemento de destino del nivel:

a) 15, ya que es el nivel mínimo de su subgrupo.
b) 16, ya que es el nivel del puesto desempeñado en comisión de servicio.
c) 18, ya que es el nivel del grado consolidado.
d) 22, ya que es el nivel máximo de su subgrupo.

161. Conforme a lo dispuesto en el artículo 14. c), 17, 24 y la Disposición Final Cuarta del Real Decreto Legislativo 5/2015, de 30 de octubre, por el que se aprueba el Texto Refundido de la Ley del Estatuto Básico del Empleado Público, el funcionario Pedro, del subgrupo C1 tiene un grado consolidado de nivel 15 y ocupa en comisión de servicio un puesto de nivel 18 en los servicios centrales del Ministerio de Hacienda; tendrá derecho al percibo del complemento de destino del nivel:

a) 18, ya que es el nivel del puesto desempeñado en comisión de servicio.

b) 16, ya que es el nivel del puesto adjudicado tras participar en el concurso en la Subdelegación del Gobierno en Almería.

c) 15, ya que es el nivel mínimo de su subgrupo.

d) 22, ya que es el nivel máximo de su subgrupo.

162. ¿Cómo se denomina en el Real Decreto Legislativo 5/2015, de 30 de octubre, por el que se aprueba el Texto Refundido de la Ley del Estatuto Básico del Empleado Público, el proceso por el que el funcionario Pedro del subgrupo C1 ha consolidado un grado de nivel 17, sin cambiar de puesto?

a) Carrera horizontal.

b) Carrera vertical.

c) Promoción interna vertical.

d) Promoción interna horizontal.

163. ¿Cuál de siguientes derechos de los empleados públicos tiene la consideración de derecho de carácter individual en correspondencia con la naturaleza jurídica de su relación de servicio?

a) La negociación colectiva y a la participación en la determinación de las condiciones de trabajo.

b) La libertad sindical.

c) El planteamiento de conflictos colectivos de trabajo, de acuerdo con la legislación aplicable en cada caso.

d) La promoción interna según principios constitucionales de igualdad, mérito y capacidad mediante la implantación de sistemas objetivos y transparentes de evaluación.

164. ¿Cuál de siguientes derechos de los empleados públicos tiene la consideración de derecho de carácter individual, que se ejerce de forma colectiva?

a) A la inamovilidad en la condición de funcionario de carrera.

b) A la libertad de expresión dentro de los límites del ordenamiento jurídico.

c) A la libertad sindical.

d) Al derecho a percibir las retribuciones y las indemnizaciones por razón del servicio.

165. De los derechos de los empleados públicos que a continuación se relacionan, ¿cuál tiene la consideración de derecho de carácter individual, que se ejerce de forma colectiva?

a) El derecho al planteamiento de conflictos colectivos de trabajo, de acuerdo con la legislación aplicable en cada caso.

b) El derecho a la defensa jurídica y protección de la Administración Pública en los procedimientos que se sigan ante cualquier orden jurisdiccional como consecuencia del ejercicio legítimo de sus funciones o cargos públicos.

c) El derecho a la formación continua y a la actualización permanente de sus conocimientos y capacidades profesionales, preferentemente en horario laboral.

d) El derecho a participar en la consecución de los objetivos atribuidos a la unidad donde preste sus servicios y a ser informado por sus superiores de las tareas a desarrollar.

166. ¿Cuál de los siguientes derechos de los empleados públicos tiene la consideración de derecho de carácter individual en correspondencia con la naturaleza jurídica de su relación de servicio?

a) La libertad sindical.

b) El ejercicio de la huelga, con la garantía del mantenimiento de los servicios esenciales de la comunidad.

c) El respeto de su intimidad en el trabajo.

d) El de reunión, en los términos establecidos en el artículo 46 del Estatuto Básico del Empleado Público.

167. Según lo dispuesto en el artículo 18.2 del Real Decreto Legislativo 5/2015, de 30 de octubre, por el que se aprueba el Texto Refundido de la Ley del Estatuto Básico del Empleado Público, ¿qué funcionarios podrán participar en la promoción interna siempre que posean los requisitos exigidos para el ingreso, teniendo en cuenta que Antonio, tiene tres años, Rosa dos años, Luis 18 meses y Lucía un año de antigüedad en la Administración del Estado?

a) Todos, ya que tienen una antigüedad de al menos un año.

b) Antonio, Rosa y Luis.

c) Rosa y Luis.

d) Antonio y Rosa.

168. El incremento de las cuantías globales de las retribuciones complementarias de los funcionarios deberá reflejarse:

a) Para cada ejercicio presupuestario en la correspondiente Ley General Presupuestaria.

b) Para cada ejercicio presupuestario en la correspondiente Ley de Presupuestos.

c) Para cada ejercicio presupuestario en la correspondiente Ley General de Hacienda.

d) Para cada ejercicio presupuestario en la correspondiente Ley General Tributaria.

169. En la nómina del funcionario José Carlos Utrera Lirola se reflejan los siguientes conceptos:
Sueldo A.2: 1.017,79 euros.
Sueldo paga extraordinaria: 742,29 euros.
Trienios A.2 (10): 369,3 euros.
Trienios pagas extraordinarias A.2 (10): 269,3 euros.
Complemento de destino (nivel 22): 1.558,91 euros.
Complemento específico: 756,54 euros.
Productividad mejora del servicio: 110,92 euros.
Dentro de las retribuciones básicas de la nómina de José Carlos Utrera Lirola, de acuerdo con lo dispuesto en el artículo 22.2 del Real Decreto Legislativo 5/2015, de 30 de octubre, por el que se aprueba el Texto Refundido de la Ley del Estatuto Básico del Empleado Público, están comprendidos los componentes de:

a) Sueldo (742,29 euros) y complemento específico (756,54 euros) de las pagas extraordinarias.

b) Sueldo (742,29 euros) y complemento de destino (1.558,91) de las pagas extraordinarias.

c) Sueldo (742,29 euros) y trienios (269,3 euros) de las pagas extraordinarias.

d) Sueldo (742,29 euros) y complemento de productividad mejora del servicio (110,92 euros) de las pagas extraordinarias.

170. En la nómina del funcionario José Carlos Utrera Lirola se reflejan los siguientes conceptos:
Sueldo A.2: 1.017,79 euros.
Sueldo paga extraordinaria: 742,29 euros.
Trienios A.2 (10): 369,3 euros.
Trienios pagas extraordinarias A.2 (10): 269,3 euros.
Complemento de destino (nivel 22): 1.558,91 euros.
Complemento específico: 756,54 euros.
Productividad mejora del servicio: 110,92 euros.
Son retribuciones complementarias, según el artículo 22.3 del Real Decreto Legislativo 5/2015, de 30 de octubre, por el que se aprueba el Texto Refundido de la Ley del Estatuto Básico del Empleado Público:

a) Los del puesto de trabajo o complemento específico (756,54 euros).

b) El sueldo (1.017,79 euros).

c) Los trienios (369,3 euros).

d) Sueldo paga extraordinaria (742,29 euros).

171. En la nómina del funcionario José Carlos Utrera Lirola, se reflejan los siguientes conceptos:
Sueldo A.2: 1.017,79 euros.
Sueldo paga extraordinaria: 742,29 euros.
Trienios A.2 (10): 369,3 euros.
Trienios pagas extraordinarias A.2 (10): 269,3 euros.
Complemento de destino (nivel 22): 1.558,91 euros.
Complemento específico: 756,54 euros.
Productividad mejora del servicio: 110,92 euros.
Las pagas extraordinarias, a las que tendrá derecho José Carlos Utrera Lirola serán dos al año, pero no formarán parte de estas:

a) El complemento de destino (nivel 22: 1.558,91 euros).

b) El complemento específico (756,54 euros).

c) La productividad (110,92 euros).

d) Sueldo paga extraordinaria: 742,29 euros y trienios pagas extraordinarias A.2 (10): 269,3 euros.

172. En la nómina del funcionario José Carlos Utrera Lirola se reflejan los siguientes conceptos:

Sueldo A.2: 1.017,79 euros.
Sueldo paga extraordinaria: 742,29 euros.
Trienios A.2 (10): 369,3 euros.
Trienios pagas extraordinarias A.2 (10): 269,3 euros.
Complemento de destino (nivel 22): 1.558,91 euros.
Complemento específico: 756,54 euros.
Productividad mejora del servicio: 110,92 euros.
José Carlos Utrera Lirola tomó posesión como funcionario de carrera tras la entrada en vigor del Estatuto Básico del Empleado Público, y con anterioridad prestó servicios como personal interino en la Administración General del Estado:

a) Se reconocerán los trienios correspondientes a los servicios prestados antes de la entrada en vigor del presente Estatuto que tendrán efectos retributivos desde el día de su incorporación a la Administración.

b) No se reconocerán los trienios correspondientes a los servicios prestados antes de la entrada en vigor del presente Estatuto.

c) Se reconocerán los trienios correspondientes a los servicios prestados antes de la entrada en vigor del presente Estatuto que tendrán efectos retributivos desde el día de su nombramiento.

d) Se reconocerán los trienios correspondientes a los servicios prestados antes de la entrada en vigor del presente Estatuto que tendrán efectos retributivos únicamente a partir de la entrada en vigor del mismo.

173. En el mes de enero Pedro Capel Cañabate fue nombrado funcionario interino. En la nómina del mes de marzo tendrá derecho a los siguientes conceptos retributivos:

a) Las retribuciones del sueldo A.2: 1.017,79 euros.

b) Las retribuciones sueldo A.2: 1.017,79 euros, sueldo paga extraordinaria: 742,29 euros, complemento de destino (nivel 18): 1.436,81 euros, complemento específico: 756,54 euros, productividad mejora del servicio: 110,92 euros.

c) Las retribuciones sueldo A.2: 1.017,79 euros, sueldo paga extraordinaria: 742,29 euros, complemento de destino (nivel 22): 1.558,91 euros, complemento específico: 756,54 euros, productividad mejora del servicio: 110,92 euros.

d) Las retribuciones sueldo A.2: 1.017,79 euros, sueldo paga extraordinaria: 742,29 euros, complemento de destino (nivel 22): 1.558,91 euros, productividad mejora del servicio: 110,92 euros.

174. Señala la afirmación correcta con respecto a la Ley del Estatuto Básico del Empleado Público en cuanto a la promoción interna de los funcionarios de carrera:

a) La nueva Ley del Estatuto Básico del Empleado Público solo exige un año de antigüedad en el cuerpo para la promoción interna.

b) Los funcionarios deberán poseer los requisitos exigidos para el ingreso, tener una antigüedad de, al menos dos años de servicio activo en el inferior Subgrupo, o Grupo de clasificación profesional, en el supuesto de que este no tenga Subgrupo y superar las correspondientes pruebas selectivas.

c) Los funcionarios deberán para ello poseer la titulación exigida para el ingreso, tener una antigüedad de al menos dos años en el Cuerpo a que pertenezcan, así como reunir los requisitos y superar los procesos selectivos que para cada caso se establezcan. Dichos procesos, en los que deberán respetarse los principios de igualdad, mérito y capacidad, podrán llevarse a cabo mediante convocatorias independientes de las de ingreso.

d) La nueva Ley del Estatuto Básico del Empleado Público solo exige tres años de antigüedad en el cuerpo para la promoción interna.

175. De acuerdo con la Ley 5/2015 de 30 de octubre, ¿qué retribuciones no forman parte de las pagas extraordinarias?

a) La progresión alcanzada por el funcionario dentro del sistema de carrera administrativa.

b) El grado de interés, iniciativa o esfuerzo con el que el funcionario desempeña su trabajo.

c) La especial dificultad técnica, responsabilidad, dedicación, incompatibilidad exigible para el desempeño de determinados puestos de trabajo o las condiciones en que se desarrolla el trabajo.

d) El sueldo y los trienios.

176. Según el Estatuto Básico del Empleado Público, no tendrá la consideración de sanción disciplinaria la deducción de retribuciones que se practique en caso de:

a) Huelga y jornada laboral no realizada.

b) Huelga y paros parciales.

c) Excedencias voluntarias así como otros permisos que así lo contemplen.

d) Toda deducción de retribuciones tiene carácter sancionador.

177. En relación con los derechos individuales de los empleados públicos es falso que:

a) Se incluye el derecho a la inamovilidad en la condición de funcionario de carrera.

b) Tienen derecho al desempeño efectivo de las funciones o tareas propias de su condición profesional y de acuerdo con la progresión alcanzada en su carrera profesional.

c) Asimismo tienen derecho a la progresión en la carrera profesional y promoción interna según los principios constitucionales de igualdad, mérito y capacidad, mediante la implantación de sistemas parciales de evaluación.

d) Tienen derecho a la libertad de expresión dentro de los límites del Ordenamiento Jurídico.

178. ¿Cuál de los siguientes conceptos no integra las retribuciones complementarias de los funcionarios públicos?

a) El complemento de destino.

b) El complemento específico.

c) Los componentes de sueldo y trienios de las pagas extraordinarias.

d) Las gratificaciones por servicios extraordinarios.

179. No constituye un derecho individual del empleado público, de conformidad con el artículo 14 del Estatuto Básico del Empleado Público:

a) La libertad de expresión.

b) La libertad de residencia.

c) El respeto a la orientación sexual.

d) La no discriminación por razón de género.

180. En la actualidad, el personal interino de una Comunidad Autónoma, ¿puede cobrar trienios?

a) No, ya que lo prohíbe el artículo 48 de la Ley de Ordenación de la Función Pública de la Comunidad Autónoma.

b) Sí, por así permitirlo el Estatuto Básico del Empleado Público.

c) No será necesario el desarrollo legal del Estatuto Básico del Empleado Público en la Comunidad Autónoma.

d) No, el interino no puede cobrar trienios debido a su especial condición de inestabilidad.

181. La participación en beneficios de los funcionarios públicos, ¿qué tipo de retribución es?

a) Es una retribución básica.

b) Es una retribución complementaria.

c) No es ningún tipo de retribución económica de los funcionarios públicos.

d) Es una retribución especial que se produce en los años de superávit o beneficio de la actividad económica de la Administración en la que presta servicios el empleado público.

182. Las retribuciones básicas y complementarias que se devenguen con carácter fijo y periodicidad mensual de los funcionarios públicos, con carácter general se harán efectivas por mensualidades completas y con referencia a la situación y derechos del funcionario con respecto:

a) Al día 5 del mes a que correspondan.

b) Al primer día hábil del mes a que correspondan.

c) Al día 10 del mes a que correspondan.

d) Al día 15 del mes a que correspondan.

183. La cuantía del complemento de destino que perciba el funcionario vendrá determinada por:

a) El nivel del puesto de trabajo que se desempeñe.

b) La especial dificultad técnica del puesto que se desempeñe.

c) La especial dedicación que requiera el puesto de trabajo en que se halle destinado el funcionario.

d) La especial responsabilidad del puesto que se desempeñe.

184. Las gratificaciones otorgadas por servicios prestados fuera de la jornada normal de trabajo serán:

a) Fijas en su cuantía.

b) Periódicas en su devengo.

c) Ni fijas en su cuantía ni periódicas en su devengo.

d) Periódicas en su devengo, pero no fijas en su cuantía.

185. En relación con los derechos de los empleados públicos, no es un derecho individual de ejercicio colectivo:

a) La libertad sindical.

b) La negociación colectiva y a la participación en la determinación de las condiciones de trabajo.

c) Al ejercicio de la huelga, con la garantía del mantenimiento de los servicios esenciales de la comunidad.

d) La libre asociación profesional.

186. De acuerdo con el estatuto Básico del Empleado Público, no es un derecho individual de los empleados públicos:

a) La inamovilidad en el puesto de trabajo como funcionario de carrera.

b) La libre asociación profesional.

c) La progresión en la carrera profesional y promoción interna según principios constitucionales de igualdad, mérito y capacidad.

d) La participación en la consecución de los objetivos atribuidos a la unidad donde preste sus servidos y a ser informado por sus superiores de las tareas a desarrollar.

187. El Estatuto Básico del Empleado Público instaura las modalidades que podrán establecerse para garantizar la carrera profesional de los funcionarios de entre las que se encuentra la "carrera vertical", que consiste en:

a) La progresión sin necesidad de cambiar de puesto de trabajo.

b) El acceso a cuerpos o escalas del mismo subgrupo profesional.

c) El ascenso en la estructura de puestos de trabajo mediante los procedimientos de provisión.

d) El ascenso desde un cuerpo o escala de un Subgrupo, o grupo, a otro superior.

188. Entre los derechos individuales ejercidos colectivamente, contemplados en la 5/2015 de 30 de octubre se incluye el derecho:

a) A la libertad de expresión dentro de los límites del ordenamiento jurídico.

b) A la libre asociación profesional.

c) A recibir protección eficaz en materia de seguridad y salud en el trabajo.

d) Al ejercicio de la huelga, con la garantía del mantenimiento de los servicios esenciales de la Comunidad.

189. ¿Qué entendemos por el conjunto ordenado de oportunidades de ascenso y expectativas de progreso profesional conforme a los principios de igualdad, mérito y capacidad?:

a) Carrera vertical.
b) Carrera horizontal.
c) Carrera profesional.
d) Promoción horizontal.

190. Las leyes de función pública que se dicten en desarrollo del Estatuto Básico del Empleado Público, en relación con la carrera profesional, podrán aplicar alguna de las siguientes modalidades:

a) Carrera vertical y promoción interna vertical.
b) Promoción interna vertical y horizontal.
c) Carrera horizontal y vertical.
d) Carrera y promoción interna tanto horizontal como vertical.

191. Indica cuál de las siguientes es una retribución básica de los funcionarios:

a) Gratificaciones por servicios extraordinarios.
b) Complementos personales transitorios.
c) Trienios.
d) Complemento de productividad.

192. Indica cuál de las siguientes afirmaciones es correcta. Las cuantías de las retribuciones básicas en todas las Administraciones Públicas, para cada uno de los grupos en que se clasifican los cuerpos, escalas y categorías de funcionarios:

a) Serán iguales.
b) Varían según el tipo de Administración Pública.
c) Varían conforme al Título de cada funcionario.
d) Serán superiores a las del sector privado.

193. ¿Qué tipo de retribución complementaria de los funcionarios públicos se destina a retribuir la actividad extraordinaria y el interés e iniciativa con que el funcionario desempeñe su trabajo?

a) Complemento específico.
b) Complemento de productividad.
c) Complemento de destino.
d) Ayuda extraordinaria.

194. ¿Cuántas pagas extraordinarias tienen derecho a cobrar los funcionarios públicos?

a) Cuatro.
b) Ninguna.

c) Dos.
d) Tres.

195. En relación al sistema retributivo de los empleados públicos, es cierto, según el EBEP, que:

a) Podrán acordarse incrementos retributivos que globalmente supongan un incremento de la masa salarial superior a los límites fijados anualmente en la Ley de Presupuestos Generales del Estado para el personal.
b) Podrá percibirse participación en tributos o en cualquier otro ingreso de las Administraciones Públicas como contraprestación de cualquier servicio, participación o premio en multas impuestas, excepto cuando estuviesen normativamente atribuidas a los servicios.
c) Las cuantías de las retribuciones básicas y el incremento de las cuantías globales de las retribuciones complementarias de los funcionarios, así como el incremento de la masa salarial del personal laboral, deberán reflejarse para cada ejercicio presupuestario en la correspondiente ley de presupuestos.
d) Las Administraciones Públicas podrán destinar cantidades por encima del porcentaje de la masa salarial que se fije en las correspondientes Leyes de Presupuestos Generales del Estado a financiar aportaciones a planes de pensiones de empleo o contratos de seguro colectivos que incluyan la cobertura de la contingencia de jubilación, para el personal incluido en sus ámbitos, de acuerdo con lo establecido en la normativa reguladora de los Planes de Pensiones.

196. Las Administraciones Públicas podrán destinar cantidades hasta el porcentaje de la masa salarial que se fije en las correspondientes Leyes de Presupuestos Generales del Estado a financiar aportaciones a planes de pensiones de empleo o contratos de seguro colectivos; estas cantidades tendrán a todos los efectos la consideración de:

a) Retribución básica.
b) Retribución complementaria.
c) Indemnización.
d) Retribución diferida.

197. Las retribuciones de los funcionarios en prácticas:

a) Se corresponderán a las del sueldo del Subgrupo o Grupo, en el supuesto de que este no tenga Subgrupo, en que aspiren a ingresar.
b) No podrán superar las del sueldo del Subgrupo o Grupo, en el supuesto de que este no tenga Subgrupo, en que aspiren a ingresar.

c) Se determinarán de acuerdo con la legislación laboral, el convenio colectivo que sea aplicable y el contrato de trabajo.

d) Como mínimo, se corresponderán a las del sueldo del Subgrupo o Grupo, en el supuesto de que este no tenga Subgrupo, en que aspiren a ingresar.

198. ¿Cómo se denomina el complemento destinado a retribuir la especial dificultad del puesto a desempeñar por el funcionario?

a) Complemento de destino.
b) Complemento específico.
c) Complemento de productividad.
d) Complemento de dedicación exclusiva.

199. El complemento de productividad es el que retribuye:

a) La preparación técnica del funcionario.
b) Las condiciones particulares de algunos puestos de trabajo.
c) El rendimiento.
d) La dedicación del funcionario.

200. El permiso del progenitor diferente de la madre biológica por nacimiento, guarda con fines de adopción, acogimiento o adopción de un hijo o hija, según el artículo 49. c) del Texto Refundido de la Ley del Estatuto Básico del Empleado Público, tendrá una duración de:

a) Cinco semanas.
b) Cuatro semanas.
c) Dieciséis semanas.
d) Ocho semanas.

201. De acuerdo con el Artículo 3 del Real Decreto Ley 6/2019, de 1 de marzo, de medidas urgentes para garantía de la igualdad de trato y de oportunidades entre mujeres y hombres en el empleo y la ocupación, por el que se modifica el apartado f) del artículo 48 del texto refundido de la Ley del Estatuto Básico del Empleado Público, aprobado por Real Decreto Legislativo 5/2015, de 30 de octubre, los funcionarios públicos tendrán a una hora de ausencia del trabajo que podrá dividir en dos fracciones por el permiso por lactancia de un hijo:

a) Menor de seis meses.
b) Menor de nueve meses.
c) Menor de doce meses.
d) Menor de dieciocho meses.

202. ¿Qué tipo de retribución complementaria de los funcionarios públicos se destina a retribuir la actividad extraordinaria y el interés e iniciativa con que el funcionario desempeñe su trabajo?

a) Complemento específico.
b) Complemento de productividad.
c) Complemento de destino.
d) Ayuda extraordinaria.

203. Señala cuál de las respuestas es correcta:

a) El sueldo de los funcionarios del Grupo A no puede exceder en más de dos veces al sueldo de los del Grupo E.
b) Las retribuciones básicas no serán iguales en todas las Administraciones Públicas para cada uno de los Grupos.
c) Las retribuciones básicas son el sueldo, los trienios y las horas extraordinarias.
d) El sueldo de los funcionarios del Grupo A no puede exceder en más de tres veces al sueldo de los del Grupo E.

Soluciones

101. c)	**111.** b)	**121.** b)	**131.** c)	**141.** b)	**151.** d)	**161.** a)	**171.** d)	**181.** c)	**191.** c)
102. a)	**112.** d)	**122.** b)	**132.** c)	**142.** b)	**152.** d)	**162.** a)	**172.** d)	**182.** b)	**192.** a)
103. c)	**113.** d)	**123.** d)	**133.** b)	**143.** d)	**153.** a)	**163.** c)	**173.** b)	**183.** a)	**193.** b)
104. a)	**114.** c)	**124.** c)	**134.** d)	**144.** c)	**154.** b)	**164.** c)	**174.** b)	**184.** c)	**194.** c)
105. a)	**115.** d)	**125.** d)	**135.** c)	**145.** b)	**155.** d)	**165.** a)	**175.** d)	**185.** d)	**195.** c)
106. b)	**116.** a)	**126.** a)	**136.** a)	**146.** d)	**156.** b)	**166.** c)	**176.** a)	**186.** a)	**196.** d)
107. a)	**117.** b)	**127.** c)	**137.** b)	**147.** a)	**157.** d)	**167.** d)	**177.** c)	**187.** c)	**197.** d)
108. b)	**118.** b)	**128.** b)	**138.** b)	**148.** b)	**158.** d)	**168.** d)	**178.** c)	**188.** d)	**198.** b)
109. b)	**119.** b)	**129.** c)	**139.** a)	**149.** b)	**159.** b)	**169.** c)	**179.** b)	**189.** c)	**199.** c)
110. c)	**120.** d)	**130.** b)	**140.** b)	**150.** d)	**160.** c)	**170.** a)	**180.** b)	**190.** d)	**200.** c)

204. Según la Ley 5/2015, de 30 de octubre, por fallecimiento de un familiar dentro del segundo grado de consanguinidad o afinidad, cuando se produzca en distinta localidad, el permiso será de:

a) Cuatro días hábiles.
b) Tres días naturales.
c) Tres días hábiles.
d) Dos días hábiles.

205. Según lo dispuesto en el artículo 25 del Real Decreto Legislativo 5/2015, de 30 de octubre, los funcionarios interinos no percibirán las retribuciones complementarias de:

a) La progresión alcanzada por el funcionario dentro del sistema de carrera administrativa.
b) La especial dificultad técnica, responsabilidad, dedicación, incompatibilidad exigible para el desempeño de determinados puestos de trabajo o las condiciones en que se desarrolla el trabajo.
c) El grado de interés, iniciativa o esfuerzo con que el funcionario desempeña su trabajo y el rendimiento o resultados obtenidos.
d) Los servicios extraordinarios prestados fuera de la jornada normal de trabajo.

206. El derecho a la negociación colectiva de los empleados de la Administración Pública se reconoce en el EBEP:

a) A todo el personal, excepto al laboral.
b) Al personal funcionario exclusivamente.
c) A todo el personal, a excepción del directivo.
d) A todo el personal sin excepciones.

207. Entre las vías que el EBEP reconoce para la determinación de las condiciones de trabajo de los empleados públicos no se encuentra:

a) La representación.
b) El cierre patronal.
c) La participación institucional.
d) La negociación colectiva.

208. Se considera negociación colectiva de los empleados públicos a efectos del EBEP:

a) Al proceso voluntario que se lleva adelante entre asociaciones con la finalidad de llegar a un acuerdo en cuanto a las condiciones laborales aplicables.
b) Al derecho de agrupación de los empleados públicos en defensa de intereses comunes.
c) Al acuerdo por el que se determinan las condiciones de trabajo de estos.

d) Al derecho a negociar la determinación de condiciones de trabajo de los empleados de la Administración Pública.

209. La facultad reconocida a los empleados públicos para constituir órganos unitarios a través de los cuales se instrumente la interlocución entre las Administraciones Públicas y aquellos se denomina derecho de:

a) Representación.
b) Libertad sindical.
c) Participación.
d) Promoción.

210. El ejercicio de los derechos a la negociación colectiva, representación y participación establecidos en el EBEP se garantiza y se lleva a cabo a través de:

a) Los cauces regulados en ese texto legal.
b) Las vías previstas en el Estatuto de los Trabajadores.
c) Las mesas de negociación.
d) Cualquier forma de colaboración entre las Administraciones Públicas y sus empleados públicos o los representantes de estos.

211. Un sindicato de los más representativos en el ámbito de la Función Pública, disconforme con la fijación de la nota de corte por la Comisión de Selección del proceso selectivo para ingreso en determinado Cuerpo Facultativo de la Administración Superior, ejercita una acción jurisdiccional para la nulidad de la resolución que desestimó su recurso de alzada. Sin embargo, ¿ostenta legitimación activa para ello?

a) No, ya que no existe norma habilitante.
b) Sí, ya que está legitimado para ello.
c) No, pues está recurriendo una resolución de un órgano de selección.
d) En principio, tendrá legitimación si tiene interés legítimo en obtener la tutela judicial pretendida.

212. El ejercicio de los derechos a la negociación colectiva, representación y participación reconocidos en el EBEP de los empleados públicos deberá respetar, en todo caso:

a) Los convenios internacionales ratificados por España.
b) La Jurisprudencia.
c) El contenido del propio Estatuto y las leyes de desarrollo en él previstas.
d) La libertad sindical.

213. El Convenio de la Organización Internacional del Trabajo sobre las relaciones de trabajo en la Administración Pública de 1978, en cuanto a la determinación de las condiciones de trabajo deberá ser tenido en cuenta a efectos del/de la:

a) Procedimiento.
b) Ejercicio de los derechos.
c) Legitimación.
d) Finalidad.

214. La negociación colectiva, representación y participación de los empleados públicos con contrato laboral se rige por:

a) El EBEP conjuntamente a los funcionarios públicos.
b) La legislación laboral y los preceptos del EBEP que les sea expresamente aplicables.
c) El Estatuto de los Trabajadores íntegramente.
d) El EBEP y las normas de la legislación laboral que les beneficien.

215. La adopción de medidas o planes de ajuste, de reequilibrio de las cuentas públicas o de carácter económico-financiero para asegurar la estabilidad presupuestaria o la corrección del déficit público facultan a las Administraciones Públicas para:

a) Suspender temporalmente los convenios colectivos y acuerdos existentes con el personal laboral pero no con el funcionariado.
b) Incumplir convenios colectivos, pactos o acuerdos alcanzados con sus empleados públicos.
c) Suspender o modificar pactos o acuerdos con el funcionariado pero no con el laboral.
d) Incumplir pactos alcanzados con el personal laboral o suspender los acuerdos con el personal funcionario únicamente.

216. Los convenios colectivos y acuerdos convencionalmente suscritos con el personal laboral son vinculantes:

a) En todo caso.
b) En ningún caso.
c) De conformidad con lo dispuesto en la norma legal que lo ratifique.
d) Salvo razones de interés general.

217. La suspensión o modificación por las Administraciones Públicas del cumplimiento de convenios colectivos o acuerdos ya firmados con el personal laboral exigirá:

a) Habilitación legal.
b) Informar a las organizaciones sindicales de sus causas.

c) Consentimiento de la Mesa negociadora.
d) Acuerdo con las organizaciones sindicales.

218. El límite fundamental a la negociación colectiva de los funcionarios públicos se encuentra en la:

a) Legalidad presupuestaria.
b) Habilitación legal.
c) Libertad contractual.
d) Igualdad.

219. ¿Cuál de los siguientes principios no es común a la negociación colectiva de los funcionarios y la relativa al personal laboral?

a) Publicidad.
b) Buena fe.
c) Legalidad.
d) Transparencia.

220. La representación de los funcionarios públicos en las Mesas de Negociación colectiva se otorga a:

a) Los representantes sindicales.
b) Los sindicatos más representativos a nivel estatal y autonómico de manera exclusiva.
c) Los Delegados de Personal o Juntas de Personal, en su caso, y a las organizaciones sindicales.
d) Las organizaciones sindicales de manera exclusiva.

221. Gozan de capacidad representativa a todos los niveles territoriales y funcionales para la negociación colectiva, las organizaciones sindicales que hayan obtenido un porcentaje de delegados de los comités de empresa igual o superior al:

a) 10 %, a nivel estatal o 15 % a nivel autonómico.
b) 10 % a nivel estatal.
c) 15 % en todo caso.
d) 10 % a nivel estatal, 15 % a nivel autonómico o 10 % en un ámbito territorial y funcional específico.

222. Serán válidos y eficaces para las Administraciones Públicas, los acuerdos alcanzados por sus representantes en una negociación colectiva desde:

a) La firma por los órganos creados para tal fin.
b) La ratificación por los órganos de gobierno o administrativos con competencia para ello.
c) La aprobación por los órganos técnicos que hayan realizado el seguimiento de la negociación.
d) Que sean habilitados legal o reglamentariamente.

223. La Mesa General de Negociación se constituirá:

a) En la Administración General del Estado únicamente.

b) En la Administración General del Estado y otra para las comunidades autónomas, incluidas Ceuta y Melilla.

c) En la Administración General del Estado, en cada una de las comunidades autónomas, en las ciudades de Ceuta y Melilla y entidades locales, así como en ámbitos específicos determinados.

d) En la Administración General del Estado, en cada una de las comunidades autónomas, en las ciudades de Ceuta y Melilla y entidades locales.

224. Indica cuál de las siguientes entidades no tienen reconocida legitimación negocial de la determinación de las condiciones de trabajo de los funcionarios públicos respecto a las entidades locales:

a) Concejo.

b) Comarca.

c) Área metropolitana.

d) Mancomunidad.

225. A los efectos de la negociación colectiva de los funcionarios públicos, los municipios que no tengan capacidad organizativa para constituir una Mesa General:

a) Podrán constituir mesas sectoriales.

b) Deberán adherirse, con carácter previo en todo caso, a la del Estado o de su comunidad autónoma.

c) Podrán adherirse a la negociación que se lleve a cabo en su comunidad autónoma o por entidades supramunicipales, incluso cuando ya esté en marcha.

d) Solo podrán adherirse a los acuerdos alcanzados en cualquier ámbito.

226. En base al Estatuto Básico del Empleado Público:

a) Los empleados públicos no tienen derecho a la negociación colectiva.

b) Los funcionarios públicos no tienen derecho a la negociación colectiva, pero el personal laboral sí.

c) Los funcionarios públicos no tienen derecho a la negociación colectiva, pero el personal eventual sí.

d) Los empleados públicos tienen derecho a la negociación colectiva.

227. Se entiende como el derecho a participar, a través de las organizaciones sindicales, en los órganos de control y seguimiento de las entidades u organismos que legalmente se determine:

a) Sindicación.

b) Negociación colectiva.

c) Participación institucional.

d) Representación.

228. En base al Estatuto Básico del Empleado Público, los empleados públicos:

a) Tienen derecho a la participación institucional.

b) No tienen derecho a la representación, pero sí a la sindicación.

c) Tienen derecho a la negociación colectiva para la determinación de sus condiciones laborales.

d) Son correctas las respuestas a) y c).

229. En relación con las organizaciones sindicales:

a) No pueden operar en el ámbito público.

b) Las más representativas en el ámbito de la Función Pública están legitimadas para la interposición de recursos en vía administrativa y jurisdiccional contra las resoluciones de los órganos de selección.

c) Las más representativas en el ámbito de la Función Pública están legitimadas para la interposición de recursos en vía administrativa, pero no jurisdiccionales, contra las resoluciones de los órganos de selección.

d) Todas las que operan en el ámbito público tienen la misma relevancia y las mismas facultades.

230. La negociación colectiva, representación y participación de los empleados públicos con contrato laboral se regirá:

a) Únicamente por el Estatuto del Empleado Público.

b) Por la legislación laboral, y por los preceptos del Estatuto del Empleado Público que expresamente le sean de aplicación.

c) Por la legislación laboral, únicamente.

d) Por el Convenio colectivo específico del colectivo, única norma aplicable a los trabajadores laborales.

231. En relación con los convenios colectivos, el Real Decreto Legislativo 5/2015, de 30 de octubre, dispone que:

a) Se garantiza su cumplimiento siempre y en todo caso.

b) Se garantiza su cumplimiento tanto si afectan al personal laboral, como al personal funcionario y el eventual.

c) Se garantiza su cumplimiento salvo cuando excepcionalmente y por causa grave de interés público derivada de una alteración sustancial de las circunstancias económicas, los órganos de gobierno de las Administraciones Públicas suspendan o modifiquen el cumplimiento de convenios colectivos o acuerdos ya firmados.

d) No son de aplicación al personal laboral si está al servicio de la Administración Pública.

232. En las Mesas de Negociación, las partes están obligadas a negociar bajo el principio de:

a) El interés general.
b) Representación equilibrada.
c) Reconocimiento mutuo.
d) La buena fe.

233. En relación con las Mesas de Negociación:

a) Están legitimados para estar presentes los representantes de la Administración Pública correspondiente.
b) Están legitimadas para estar presentes todas las organizaciones sindicales estatales.
c) Están legitimadas para estar presentes todas las organizaciones sindicales de las comunidades autónomas.
d) Están legitimados para estar presentes los sindicatos que hayan obtenido el 50 % o más de los representantes en las elecciones de Delegados y Juntas de Personal.

234. En relación con las Mesas de Negociación:

a) Existirá una Mesa general de Negociación en cada una de las comunidades autónomas.
b) Existirá una Mesa General de Negociación en el ámbito de la Administración General del Estado y en cada una de las comunidades autónomas.
c) Existirá una Mesa General de Negociación en el ámbito de la Administración General del Estado.
d) No pueden constituirse mesas de negociación de las ciudades de Ceuta y Melilla, pero las mismas dependerán de la Mesa General de Negociación.

235. Indica la respuesta incorrecta:

a) Se reconoce la legitimación negocial de las asociaciones de municipio.
b) Se reconoce la legitimación negocial de las Entidades Locales de ámbito supramunicipal.
c) Los municipios podrán adherirse con carácter previo a la negociación colectiva que se lleve a cabo en el ámbito correspondiente.
d) Los municipios no podrán adherirse de manera sucesiva a la negociación colectiva que se lleve a cabo en el ámbito correspondiente.

236. Indica la respuesta correcta:

a) Una Administración Pública podrá adherirse a los acuerdos alcanzados dentro del territorio de cada comunidad autónoma, pero no una Entidad Pública.
b) Una Entidad Pública podrá adherirse a los acuerdos alcanzados dentro del territorio de cada comunidad autónoma, pero no una Administración Pública.

c) Una Entidad Pública no podrá adherirse a los acuerdos alcanzados en un ámbito supramunicipal.
d) Una Administración Pública podrá adherirse a los acuerdos alcanzados en un ámbito supramunicipal.

237. En relación con las Mesas Sectoriales de Negociación:

a) No están permitidas a nivel estatal, solamente a nivel autonómico.
b) Son independientes de las Mesas Generales de Negociación.
c) Se pueden constituir en atención a las condiciones específicas de trabajo de las organizaciones administrativas afectadas o a las peculiaridades de sectores concretos de funcionarios públicos y a su número.
d) Son competencias propias de las mismas las materias relacionadas con condiciones de trabajo comunes a los funcionarios de su ámbito.

238. La ley establece que el proceso de negociación se abrirá:

a) En todas las Mesas al mismo tiempo y en la fecha establecida por el Poder ejecutivo.
b) En cada Mesa, en la fecha que, de común acuerdo, fijen la Administración correspondiente y la mayoría de la representación sindical.
c) A falta de acuerdo, en el plazo máximo de una semana desde que la mayoría de una de las partes legitimadas lo promueva.
d) A falta de acuerdo, en el plazo máximo de un mes, desde que la mayoría de una de las partes legitimadas lo promueva, siempre y en todo caso.

239. Atendiendo a lo dispuesto en el artículo 35.4 del Estatuto Básico del Empleado Público, en las Mesas de Negociación Sectorial:

a) Ninguna de las partes puede superar el número de quince miembros.
b) Ninguna de las partes puede superar el número de veinte miembros.
c) Ninguna de las partes puede superar el número de diez miembros.
d) Ninguna de las partes puede superar el número de cinco miembros.

240. En relación con la constitución y composición de las mesas de negociación:

a) Las variaciones en la representatividad sindical, a efectos de modificación en la composición de las Mesas de Negociación, serán acreditadas por las organizaciones sindicales interesadas, mediante el correspondiente certificado de la Oficina Pública de Registro competente, cada año a partir de la fecha inicial de constitución de las mesas.

b) Las variaciones en la representatividad sindical, a efectos de modificación en la composición de las Mesas de Negociación, serán acreditadas por las organizaciones sindicales interesadas, mediante el correspondiente certificado de la Oficina Pública de Registro competente, cada dos años a partir de la fecha inicial de constitución de las mesas.

c) Las variaciones en la representatividad sindical, a efectos de modificación en la composición de las Mesas de Negociación, serán acreditadas por las organizaciones sindicales interesadas, mediante el correspondiente certificado de la Oficina Pública de Registro competente, cada tres años a partir de la fecha inicial de constitución de las mesas.

d) Las variaciones en la representatividad sindical, a efectos de modificación en la composición de las Mesas de Negociación, serán acreditadas por las organizaciones sindicales interesadas, mediante el correspondiente certificado de la Oficina Pública de Registro competente, cada cuatro años a partir de la fecha inicial de constitución de las mesas.

241. La designación de los componentes de las Mesas:

a) Corresponde al Gobierno.

b) Corresponde al Poder Ejecutivo.

c) Corresponde a las partes negociadoras, que podrán contar con la asistencia en las deliberaciones de asesores, que intervendrán con voz y con voto.

d) Corresponde a las partes negociadoras, que podrán contar con la asistencia en las deliberaciones de asesores, que intervendrán con voz, pero sin voto.

242. Atendiendo a lo dispuesto en el artículo 35 del Estatuto Básico del Empleado Público, ¿cuántas Mesas Generales de Negociación de las Administraciones Públicas se constituyen?

a) Una.

b) Una para cada comunidad autónoma y una para ambas ciudades autónomas.

c) Tres.

d) Cinco.

243. La Mesa General de Negociación de la Administración Pública:

a) No será unitaria.

b) Estará presidida por la Administración General del Estado.

c) Estará presidida por la Administración General del Estado y por un representante de cada Comunidad o ciudad autónoma.

d) No contara ni con representantes de las comunidades autónomas ni de las ciudades de Ceuta y Melilla, pero sí de la Federación Española de Municipios y Provincias.

244. La representación de las organizaciones sindicales legitimadas para estar presentes en la Mesa General de Negociación de la Administración Pública:

a) Se distribuirá a partes iguales.

b) Se distribuirá en función de los resultados obtenidos en las elecciones a los órganos de representación del personal, únicamente.

c) Se distribuirá en función de los resultados obtenidos en las elecciones a los órganos de representación del personal, Delegados de Personal, Juntas de Personal y Comités de Empresa, en el conjunto de las Administraciones Públicas.

d) Se distribuirá en función de lo que disponga la presidencia de la Mesa General de Negociación de la Administración Pública.

245. Indica la respuesta incorrecta. En relación con la Mesa General de Negociación de la Administración Pública:

a) Serán materias objeto de negociación de la misma las materias establecidas por el Estatuto Básico del Empleado Público que sean susceptibles de regulación estatal con carácter de norma básica.

b) Será específicamente objeto de negociación de la misma el incremento global de las retribuciones del personal al servicio de las Administraciones Públicas que corresponda incluir en el Proyecto de Ley de Presupuestos Generales del Estado de cada año.

c) En determinados casos, será objeto de negociación de la misma el incremento global de las retribuciones de cierto personal al servicio de las Administraciones Públicas circunscrito a una comunidad autónoma determinada.

d) Serán materias objeto de negociación de la misma las materias establecidas por el Estatuto Básico del Empleado Público que sean susceptibles de regulación estatal con carácter de norma especial.

246. Para la negociación de todas aquellas materias y condiciones de trabajo comunes al personal funcionario, estatutario y laboral de cada Administración Pública:

a) Se constituirá en la Administración General del Estado, en cada una de las comunidades autónomas, ciudades de Ceuta y Melilla y entidades locales una Mesa General de Negociación.

b) Se constituirán en cada una de las comunidades autónomas, varias Mesas Generales de Negociación.

c) Se constituirán en la Administración General del Estado, en cada una de las comunidades autónomas, ciudades de Ceuta y Melilla y entidades locales varias Mesas Generales de Negociación.

d) Se constituirán en cada entidad local varias Mesas Generales de Negociación.

247. Formarán parte de las Mesas Generales reguladas en el artículo 36 del Estatuto Básico del Empleado Público, las organizaciones sindicales que formen parte de la Mesa General de Negociación de las Administraciones Públicas:

a) Siempre y en todo caso.
b) Siempre que hubieran obtenido el 10 % de los representantes a personal funcionario o personal laboral en el ámbito correspondiente a la Mesa de que se trate.
c) Siempre que hubieran obtenido el 15 % de los representantes a personal funcionario o personal laboral en el ámbito correspondiente a la Mesa de que se trate.
d) Siempre que hubieran obtenido el 20 % de los representantes a personal funcionario o personal laboral en el ámbito correspondiente a la Mesa de que se trate.

248. ¿Cuál de las siguientes no es materia objeto de negociación según el artículo 37 del Estatuto Básico del Empleado Público?

a) La aplicación del incremento de las retribuciones del personal al servicio de las Administraciones Públicas que se establezca en la Ley de Presupuestos Generales del Estado y de las comunidades autónomas.
b) La determinación y aplicación de las retribuciones complementarias de los funcionarios.
c) Las normas que fijen los criterios generales en materia de acceso, carrera, provisión, sistemas de clasificación de puestos de trabajo, y planes e instrumentos de planificación de recursos humanos.
d) Los criterios específicos sobre ofertas de empleo público.

249. ¿Cuál de las siguientes materias no está excluida de la obligatoriedad de la negociación según el Estatuto Básico del Empleado Público?

a) Las normas que fijen los criterios y mecanismos generales en materia de evaluación del desempeño.
b) La regulación del ejercicio de los derechos de los ciudadanos y de los usuarios de los servicios públicos, así como el procedimiento de formación de los actos y disposiciones administrativas.
c) La determinación de condiciones de trabajo del personal directivo.
d) Los poderes de dirección y control propios de la relación jerárquica.

250. En las Mesas Generales de Negociación:

a) Los representantes de las Administraciones Públicas podrán concertar Pactos y Acuerdos con la representación de las organizaciones sindicales legitimadas a tales efectos, para la determinación de condiciones de trabajo de los funcionarios de dichas Administraciones.

b) Se podrán celebrar pactos sobre todas aquellas materias que entiendan que son de interés para el órgano administrativo al que se suscriban.
c) Se podrán celebrar pactos sobre las materias de ámbito competencial del órgano administrativo, pero no se podrán aplicar directamente al personal del ámbito correspondiente.
d) Se podrán celebrar Acuerdos que versarán sobre materias competencia de los órganos de gobierno de las Administraciones Públicas y se aprueban con el simple consentimiento tácito de los mismos.

251. Los acuerdos a los que llegue la Mesa General de Negociación:

a) No requieren de aprobación expresa, pero sí formal.
b) Requieren de aprobación expresa, pero no formal.
c) El contenido de los mismos nunca va a ser directamente aplicable al personal incluido en su ámbito de aplicación.
d) Que tratan sobre materias sometidas a reserva de ley, solo pueden ser determinadas definitivamente por las Cortes Generales o las asambleas legislativas de las comunidades autónomas, de otro modo su contenido carecerá de eficacia directa.

252. Cuando exista falta de ratificación de un Acuerdo o, en su caso, una negativa expresa a incorporar lo acordado en el proyecto de ley correspondiente:

a) Se deberá iniciar la renegociación de las materias tratadas en el plazo de una semana, si así lo solicitara al menos la mayoría de una de las partes.
b) Se deberá iniciar la renegociación de las materias tratadas en el plazo de diez días, si así lo solicitara al menos la mayoría de una de las partes.
c) Se deberá iniciar la renegociación de las materias tratadas en el plazo de un mes, si así lo solicitara al menos la mayoría de una de las partes.
d) Se deberá iniciar la renegociación de las materias tratadas en el plazo de seis meses, si así lo solicitara al menos la mayoría de una de las partes.

253. En relación con los pactos y los acuerdos celebrados por las Mesas de Negociación:

a) No es necesario que determinen a quien van dirigidos, pero no es necesario concretar ámbito funcional.
b) Es necesario que establezcan ámbito temporal, pero el territorial ya se sobreentiende.
c) Es necesario que se concrete la forma, el plazo de preaviso y las condiciones de denuncia de los mismos.
d) No pueden ser denunciados, simplemente se aceptan comentarios y quejas.

254. Indica la respuesta incorrecta. Una vez ratificados los Pactos celebrados y los acuerdos:

a) En realidad no es necesario que se ratifiquen.

b) Deberán ser remitidos a la Oficina Pública que cada Administración competente determine.

c) La autoridad competente ordenará su publicación en el Boletín Oficial que corresponda en función del ámbito territorial.

d) Cumplidos los requisitos anteriores, y llegado el momento, desplegarán sus efectos.

255. Los pactos y acuerdos en relación con las competencias de cada Administración Pública:

a) Podrán establecer la estructura de la negociación colectiva, así como fijar las reglas que han de resolver los conflictos de concurrencia entre las negociaciones de distinto ámbito.

b) Podrán establecer la estructura de la negociación colectiva, pero no fijar las reglas que han de resolver los conflictos de concurrencia entre las negociaciones de distinto ámbito.

c) No podrán establecer los criterios de primacía y complementariedad entre las diferentes unidades negociadoras.

d) Podrán establecer los criterios de complementariedad entre las diferentes unidades negociadoras, pero no los de primacía.

256. La ley garantiza el cumplimiento de los Pactos y Acuerdos:

a) Siempre y en todo caso.

b) Siempre, salvo que se considere que son poco beneficiosos para la Administración Pública.

c) Siempre, salvo que se considere que son poco beneficiosos para el personal al servicio de la Administración Pública.

d) Siempre, salvo cuando excepcionalmente y por causa grave de interés público derivada de una alteración sustancial de las circunstancias económicas, los órganos de gobierno de las Administraciones Públicas suspendan o modifiquen el cumplimiento de Pactos y Acuerdos ya firmados, en la medida estrictamente necesaria para salvaguardar el interés público.

257. Indica la respuesta incorrecta:

a) En caso de suspensión de acuerdos de la Mesa de Negociación, las Administraciones Públicas deberán informar a las organizaciones sindicales de las causas de la suspensión o modificación.

b) Se entenderá, entre otras, que concurre causa grave de interés público derivada de la alteración

sustancial de las circunstancias económicas cuando las Administraciones Públicas deban adoptar medidas o planes de ajuste, de reequilibrio de las cuentas públicas o de carácter económico-financiero para asegurar la estabilidad presupuestaria o la corrección del déficit público.

c) Salvo acuerdo en contrario, los Pactos y Acuerdos se prorrogarán por tres años si no mediara denuncia expresa de una de las partes.

d) La vigencia del contenido de los Pactos y Acuerdos una vez concluida su duración, se producirá en los términos que los mismos hubieren establecido.

258. Los órganos específicos de representación de los funcionarios son:

a) Los Delegados de Personal.

b) Las Juntas de Personal.

c) Los Delegados de Personal y las Juntas de Personal.

d) Los representantes de los trabajadores.

259. En las unidades electorales donde el número de funcionarios sea igual o superior a 6 e inferior a 50:

a) No tienen derecho a representantes.

b) Tienen derecho a representantes sindicales.

c) Su representación corresponderá a los Delegados de Personal.

d) Su representación corresponderá a las Juntas de Personal.

260. Dispone la ley que entre 31 y 49 funcionarios:

a) No se elegirán funcionarios.

b) Se elegirá un representante sindical.

c) Se elegirá un Delegado de Personal.

d) Se elegirán tres Delegados de Personal.

261. Las Juntas de Personal se constituirán en unidades electorales que cuenten con un censo mínimo de:

a) 10 funcionarios.

b) 30 funcionarios.

c) 50 funcionarios.

d) 100 funcionarios.

262. Si en una Unidad electoral nos encontramos con 150 funcionarios, ¿cuántos representantes componen la Junta de Personal?

a) Uno.

b) Tres.

c) Cinco.

d) Nueve.

263. Si en una Unidad electoral nos encontramos con 500 funcionarios, ¿cuántos representantes componen la Junta de Personal?

a) Uno.
b) Siete.
c) Trece.
d) Diecisiete.

264. ¿Cuál es el máximo de representantes que puede tener una Junta de Personal?

a) Diez.
b) Veinte.
c) Cincuenta.
d) Setenta y cinco.

265. Los miembros de las Juntas de Personal y los Delegados de Personal, en su caso, como representantes legales de los funcionarios, dispondrán de un crédito de horas mensuales dentro de la jornada de trabajo y retribuidas como de trabajo efectivo. Indica la respuesta correcta:

a) Hasta 100 funcionarios: 5 horas.
b) De entre 101 a 250 funcionarios: 10 horas.
c) De entre 251 a 500 funcionarios: 25 horas.
d) De entre 501 a 750 funcionarios: 35 horas.

266. Señalar la opción incorrecta. El acceso al empleo público se efectuará de acuerdo con los principios constitucionales de:

a) Capacidad.
b) Mérito.
c) Igualdad.
d) Participación.

267. ¿Cuál de los siguientes no es un sistema de selección de personal laboral fijo en la Administración Pública?

a) Transferencia o cesión.
b) Oposición.
c) Concurso-oposición.
d) Concurso de valoración de méritos.

268. Tienen derecho al acceso al empleo público de acuerdo con los principios constitucionales de igualdad, mérito y capacidad, y de acuerdo con lo previsto en el Estatuto Básico del Empleado Público y en el resto del ordenamiento jurídico:

a) Todas las personas.
b) Todos los ciudadanos.
c) Todos los españoles.
d) Todos los particulares.

269. El acceso a la función pública de acuerdo con los principios de mérito y capacidad es una materia:

a) Reservada a una ley orgánica.
b) Reservada al reglamento.
c) Reservada a la ley.
d) No reservada a la ley.

270. La Constitución de 1978 reconoce el derecho a acceder en condiciones de igualdad a las funciones y cargos públicos, con los requisitos que señalen las leyes. ¿Qué consideración jurídica tiene este derecho?

a) Derecho fundamental.
b) Derecho no fundamental.
c) Principio rector.
d) Valor superior del ordenamiento jurídico.

271. Los principios de mérito y capacidad en el acceso a la función pública, ¿son susceptibles de amparo ante el Tribunal Constitucional?

a) Sí, al igual que el derecho de los ciudadanos a acceder en condiciones de igualdad a las funciones y cargos públicos.
b) No, son susceptibles de amparo ante el Tribunal Supremo.
c) No, en tanto no están comprendidos en el ámbito objetivo del recurso de amparo.
d) Sí, a diferencia del derecho de los ciudadanos a acceder en condiciones de igualdad a las funciones y cargos públicos al que es aplicable únicamente el procedimiento basado en los principios de preferencia y sumariedad.

272. Los principios rectores reconocidos en el art. 55.2 del Real Decreto Legislativo 5/2015, de 30 de octubre, por el que se aprueba el texto refundido de la Ley del Estatuto Básico del Empleado Público, ¿son aplicables a la Universidad Pontificia de Comillas?

a) Sí, en tanto Universidad que es.
b) Sí, en tanto forma parte de la Administración de la comunidad autónoma de Cantabria.
c) No.
d) Sí, por tener la consideración de entidad de derecho público con personalidad jurídica propia, vinculada o dependiente de la Administración de la comunidad autónoma de Cantabria.

273. ¿Supone la superación de las pruebas selectivas, por sí misma, la adquisición de la condición de funcionario de carrera?

a) No.
b) Sí, si así lo prevé la propia convocatoria.

c) Sí, si la lista definitiva de aprobados ha sido publicada en el correspondiente Diario Oficial.
d) Sí, si se trata del sistema de oposición.

274. Indica cuál de los siguientes principios para la selección del personal funcionario y laboral de las Administraciones Públicas NO queda recogido en el artículo 55.2 del Real Decreto Legislativo 5/2015, de 30 de octubre, por el que se aprueba el texto refundido de la Ley del Estatuto Básico del Empleado Público:

a) Imparcialidad y profesionalidad de los miembros de los órganos de selección.
b) Independencia y arbitrariedad técnica en la actuación de los órganos de selección.
c) Publicidad de las convocatorias y de sus bases.
d) Transparencia.

275. ¿En qué ilícito penal incurrirían los miembros de un órgano de selección que dictasen una resolución arbitraria, a sabiendas de su injusticia?

a) Desobediencia.
b) Cohecho.
c) Tráfico de influencias.
d) Prevaricación.

276. Las Administraciones, entidades y organismos públicos seleccionarán a su personal funcionario y laboral mediante procedimientos en los que se garanticen los principios constitucionales y los establecidos en el artículo 55.2 del Estatuto Básico del Empleado Público. Entre estos, se recoge:

a) El principio de agilidad, sin perjuicio de la discrecionalidad, en los procesos de selección.
b) Adecuación entre el contenido de los procesos selectivos y las competencias atribuidas a la Administración, entidad u organismo correspondiente.
c) Interoperabilidad.
d) Transparencia.

277. Indica en cuál de los siguientes casos se puede participar en los procesos selectivos:

a) Aspirante que ha cumplido los catorce años y tiene la nacionalidad española y la capacidad funcional para el desempeño de las tareas.
b) Ciudadana ucraniana que acredita el cumplimiento de todos los requisitos previstos en el artículo 56.1 del Estatuto Básico del Empleado Público.

c) Autoridad que se halla cumpliendo pena de inhabilitación especial por la comisión de un delito de desobediencia y quiere acceder a un cuerpo funcionarial para ejercer funciones similares a las que desempeñaba en el que fue inhabilitado.
d) Ciudadana eslovaca que acredita el cumplimiento de todos los requisitos previstos en el artículo 56.1 del Estatuto Básico del Empleado Público para ocupar un empleo público en la especialidad de ingeniería.

278. Los funcionarios civiles de la Administración General del Estado y de las entidades de derecho público vinculadas o dependientes de ella pueden optar por la prolongación de la permanencia en el servicio activo hasta que cumplan, como máximo, ¿qué edad?

a) La edad ordinaria de jubilación.
b) La edad de 65 años.
c) La edad de 70 años.
d) La edad que en cada caso establezca la Ley General de la Seguridad Social.

279. ¿Qué medidas adoptará la Administración del Estado para personas con discapacidad en los procesos selectivos?

a) No se aplicará ninguna medida especial.
b) Hará adaptaciones y ajustes razonables de tiempo y medios.
c) Solo adaptará los procesos si lo solicita el aspirante.
d) Permitirá el acceso sin pasar por pruebas selectivas.

280. Para poder participar en los procesos selectivos, ¿es necesario poseer la titulación exigida?

a) Sí.
b) No, siempre que se posea la capacidad funcional para el desempeño de las tareas.
c) Sí, cuando no se posea la capacidad funcional para el desempeño de las tareas.
d) No, siempre que se acredite el cumplimiento del resto de requisitos que establece el artículo 56.1 del Estatuto Básico del Empleo Público.

281. El Estatuto Básico del Empleado Público, ¿permite exigir el cumplimiento de otros requisitos específicos además de los señalados en el artículo 56.1?

a) No, únicamente los establecidos en el artículo 56.1 del Real Decreto Legislativo 5/2015, de 30 de octubre, por el que se aprueba el texto refundido de la Ley del Estatuto Básico del Empleado Público.

b) Sí, aunque no guarden relación objetiva y proporcionada con las funciones asumidas, siempre que se establezcan de manera abstracta y general.

c) Sí, siempre que se establezcan de manera concreta e individualizada.

d) Sí, siempre que guarden relación objetiva y proporcionada con las funciones asumidas y las tareas a desempeñar y se establezcan de manera abstracta y general.

282. La pena principal o accesoria de inhabilitación especial cuando hubiere adquirido firmeza la sentencia que la imponga produce la pérdida de la condición de funcionario respecto a:

a) Todos los empleos o cargos que tuviere.

b) Aquellos empleos o cargos especificados en la sentencia.

c) El empleo o cargo que estuviera desempeñando desde el que se cometió la falta o delito.

d) El empleo o cargo de mayor nivel de los que tuviere.

283. Indica cuáles de las siguientes tienen la consideración de personas con discapacidad:

a) Aquellas que presentan deficiencias físicas, mentales, intelectuales o sensoriales, previsiblemente permanentes que, al interactuar con diversas barreras, puedan impedir su participación plena y efectiva en la sociedad, en igualdad de condiciones con los demás.

b) Los pensionistas de la Seguridad Social que tengan reconocida una pensión de incapacidad permanente en el grado de parcial, total, absoluta o gran invalidez.

c) Los pensionistas de clases pasivas que tengan reconocida una pensión de jubilación o de retiro por incapacidad temporal.

d) Aquellas personas a quienes se les haya reconocido un grado de discapacidad.

284. La pena principal o accesoria, a un funcionario público, de inhabilitación absoluta cuando hubiere adquirido firmeza la sentencia que la imponga, produce:

a) La suspensión de todas sus funciones públicas.

b) La pérdida de la condición de funcionario respecto a todos los empleos o cargos que tuviere.

c) La pérdida de la condición de funcionario respecto a todos los empleos o cargos que tuviere, excepto los cargos electivos.

d) La excedencia forzosa.

285. En las ofertas de empleo público:

a) Se reservará un cupo no inferior al cinco por ciento de las vacantes para ser cubiertas entre personas con discapacidad, de modo que progresivamente se alcance el tres por ciento de los efectivos totales en cada Administración Pública.

b) Se reservará un cupo no inferior al siete por ciento de las vacantes para ser cubiertas entre personas con discapacidad, de modo que progresivamente se alcance el dos por ciento de los efectivos totales en cada Administración Pública.

c) Se reservará un cupo no inferior al siete por ciento de las vacantes para ser cubiertas entre personas con discapacidad, de modo que progresivamente se alcance el tres por ciento de los efectivos totales en cada Administración Pública.

d) Se reservará un cupo no inferior al cinco por ciento de las vacantes para ser cubiertas entre personas con discapacidad, de modo que progresivamente se alcance el dos por ciento de los efectivos totales en cada Administración Pública.

286. La reserva del mínimo a que se refiere el artículo 59.1 del Estatuto Básico del Empleado Público se realizará de manera que:

a) Al menos, el dos por ciento de las plazas ofertadas lo sea para ser cubiertas por personas que acrediten discapacidad mental o intelectual y el resto de las plazas ofertadas lo sea para personas que acrediten cualquier otro tipo de discapacidad.

b) Al menos, el tres por ciento de las plazas ofertadas lo sea para ser cubiertas por personas que acrediten discapacidad física o sensorial y el resto de las plazas ofertadas lo sea para personas que acrediten cualquier otro tipo de discapacidad.

c) Al menos, el dos por ciento de las plazas ofertadas lo sea para ser cubiertas por personas que acrediten discapacidad intelectual y el resto de las plazas ofertadas lo sea para personas que acrediten cualquier otro tipo de discapacidad.

d) Al menos, el tres por ciento de las plazas ofertadas lo sea para ser cubiertas por personas que acrediten discapacidad física y el resto de las plazas ofertadas lo sea para personas que acrediten cualquier otro tipo de discapacidad.

287. ¿Qué deben acreditar las personas con discapacidad para poder acceder a las plazas reservadas?

a) Su nacionalidad y su experiencia laboral.

b) Su discapacidad y la compatibilidad con el desempeño de las tareas.

c) Su nivel de estudios y habilidades profesionales.

d) Solo la discapacidad, sin necesidad de compatibilidad con el puesto.

288. Una persona con depresión mayor, ¿podría participar en un proceso selectivo?

a) No, en tanto no posee la capacidad funcional para el desempeño de las tareas.

b) Sí, en igualdad de condiciones que el resto de aspirantes.

c) Sí, por la vía de reserva para personas con discapacidad.

d) No, en tanto no tiene reconocido un grado de discapacidad igual o superior al 33 %.

289. ¿Qué porcentaje mínimo de plazas en la oferta de empleo público se reserva para personas con discapacidad en la Administración del Estado, según el artículo 108.4 del Real Decreto-ley 6/2023?

a) 5%.

b) 10%.

c) 2%.

d) 15%.

290. Una persona con parálisis en las extremidades inferiores, ¿se podría incluir en la reserva del 2 % a que hace referencia el artículo 59.1, segundo párrafo, del Estatuto Básico del Empleado Público?

a) Sí.

b) No, en tanto acreditaría una discapacidad física.

c) No, en tanto acreditaría una discapacidad sensorial.

d) No, en tanto acreditaría una discapacidad psíquica.

291. Cada … adoptará las medidas precisas para establecer las adaptaciones y ajustes razonables de tiempos y medios en el proceso selectivo y, una vez superado dicho proceso, las adaptaciones en el puesto de trabajo a las necesidades de las personas con discapacidad.

a) Órgano de selección.

b) Administración Pública.

c) Unidad administrativa.

d) Gobierno.

292. Una persona con nacionalidad húngara, ¿puede acceder, como personal funcionario, a empleos públicos de carrera diplomática del Estado Español?

a) Sí, como nacional de un Estado miembro de la Unión Europea.

b) Sí, en igualdad de condiciones que los españoles.

c) No, en tanto no es nacional de un Estado miembro de la Unión Europea.

d) No, en tanto implica una participación en el ejercicio del poder público y en las funciones que tienen por objeto la salvaguardia de los intereses del Estado o de las Administraciones Públicas.

293. Indica cuál de los siguientes Cuerpos y Escalas de la función pública estatal NO exige en todo caso la posesión de la nacionalidad española:

a) Cuerpo Superior de Técnicos Comerciales y Economistas del Estado.

b) Especial Facultativo de Marina Civil.

c) Escala de Funcionarios de Administración Local con habilitación de carácter nacional (subescalas de Secretaría, Intervención-Tesorería, Secretaría-Intervención).

d) Cuerpo de Ayudantes de Instituciones Penitenciarias Escala Femenina.

294. Indica cuál de los siguientes Cuerpos y Escalas de la función pública estatal exige en todo caso la posesión de la nacionalidad española:

a) Escala de Enfermeros Subinspectores del Cuerpo de Inspección Sanitaria de la Administración de la Seguridad Social.

b) Astrónomos.

c) Ingenieros agrónomos del Estado.

d) Facultativo de Sanidad Penitenciaria.

295. El acceso al cuerpo de Agentes del Servicio de Vigilancia Aduanera:

a) Exige estar en posesión de la nacionalidad española.

b) No implica una participación directa o indirecta en el ejercicio del poder público y en las funciones que tienen por objeto la salvaguarda de los intereses de los Estados o de las Administraciones Públicas.

c) Está permitido a los nacionales de los Estados miembros de la Unión Europea.

d) Está permitido a los nacionales de los Estados miembros del Consejo de Europa.

296. Ahmed Marrash, de nacionalidad egipcia, tiene residencia legal en España. ¿Puede acceder a empleos públicos de las Administraciones Públicas?

a) No, en tanto no es nacional de un Estado miembro de la Unión Europea.

b) Sí, en igualdad de condiciones que los españoles.

c) Sí, como personal laboral, en igualdad de condiciones que los españoles.

d) Sí, en tanto se incluye en el supuesto del artículo 57.3 del Estatuto Básico del Empleado Público.

297. El acceso al empleo público como personal funcionario:

a) Se extenderá igualmente a las personas incluidas en el ámbito de aplicación de los Tratados Internacionales celebrados por la Unión Europea y ratificados por España, les sea o no aplicables la libre circulación de trabajadores.

b) Se extenderá igualmente a las personas incluidas en el ámbito de aplicación de los Tratados Internacionales celebrados por la Unión Europea y el Consejo de Europa y ratificados por España en los que sea de aplicación la libre circulación de trabajadores.

c) Se extenderá igualmente a las personas incluidas en el ámbito de aplicación de los Tratados Internacionales celebrados por la Unión Europea y ratificados por España en los que sea de aplicación la libertad de establecimiento y la libre prestación de servicios.

d) Se extenderá igualmente a las personas incluidas en el ámbito de aplicación de los Tratados Internacionales celebrados por la Unión Europea y ratificados por España en los que sea de aplicación la libre circulación de trabajadores.

298. Formalmente, ¿cómo puede eximirse del requisito de la nacionalidad por razones de interés general para el acceso a la condición de personal funcionario?

a) Solo por ley de las Cortes Generales.

b) Por ley de las Cortes Generales o por real decreto del Gobierno.

c) Solo por ley de las Cortes Generales o de las asambleas legislativas de las comunidades autónomas.

d) Por ley o reglamento.

299. El conocimiento del castellano, ¿constituye un requisito de los aspirantes extranjeros que participen en las convocatorias de pruebas selectivas?

a) Sí, además de cumplir con los requisitos establecidos para los participantes nacionales en las convocatorias de pruebas selectivas.

b) No constituye un requisito, aunque las convocatorias de procesos selectivos determinarán la forma de acreditar un conocimiento adecuado del castellano, pudiendo exigir la superación de pruebas con tal finalidad, salvo que las pruebas selectivas impliquen por sí mismas la demostración de dicho conocimiento.

c) Sí, además, deberán acreditar su nacionalidad y no haber sido objeto de sanción disciplinaria o condena penal que impida, en su Estado, el acceso a la función pública.

d) No.

300. Indica a cuál de los siguientes colectivos NO le es aplicable las previsiones del artículo 57.1 del Estatuto Básico del Empleado Público, en relación con el acceso al empleo público de nacionales de otros Estados:

a) Al cónyuge de los españoles y de los nacionales de otros Estados miembros de la Unión Europea, siempre que no estén separados de derecho.

b) A sus descendientes y a los de su cónyuge, siempre que no estén separados de derecho, sean menores de veintiún años o mayores de dicha edad.

c) A los descendientes de su cónyuge, siempre que no estén separados de derecho aunque sean mayores de veintiún años, pero dependientes.

d) Al cónyuge de los españoles, cualquiera que sea su nacionalidad, siempre que no estén separados de derecho.

Soluciones

201. c)	**211.** d)	**221.** b)	**231.** c)	**241.** d)	**251.** d)	**261.** c)	**271.** c)	**281.** d)	**291.** b)
202. b)	**212.** c)	**222.** b)	**232.** d)	**242.** a)	**252.** c)	**262.** d)	**272.** c)	**282.** b)	**292.** d)
203. d)	**213.** a)	**223.** d)	**233.** a)	**243.** b)	**253.** c)	**263.** c)	**273.** a)	**283.** a)	**293.** b)
204. a)	**214.** b)	**224.** a)	**234.** c)	**244.** c)	**254.** a)	**264.** d)	**274.** b)	**284.** b)	**294.** a)
205. a)	**215.** b)	**225.** c)	**235.** c)	**245.** c)	**255.** a)	**265.** d)	**275.** d)	**285.** b)	**295.** a)
206. c)	**216.** d)	**226.** d)	**236.** d)	**246.** a)	**256.** d)	**266.** d)	**276.** d)	**286.** c)	**296.** c)
207. b)	**217.** b)	**227.** c)	**237.** c)	**247.** b)	**257.** c)	**267.** a)	**277.** d)	**287.** b)	**297.** d)
208. d)	**218.** a)	**228.** d)	**238.** b)	**248.** d)	**258.** d)	**268.** b)	**278.** c)	**288.** c)	**298.** c)
209. a)	**219.** d)	**229.** b)	**239.** a)	**249.** a)	**259.** c)	**269.** c)	**279.** b)	**289.** b)	**299.** b)
210. d)	**220.** d)	**230.** b)	**240.** b)	**250.** a)	**260.** d)	**270.** a)	**280.** a)	**290.** b)	**300.** b)

301. Para el acceso al empleo público de naciona-les de otros Estados, ¿en qué momento se deberán acreditar la nacionalidad y, en su caso, el vínculo de parentesco o el hecho de vivir a expensas o es-tar a cargo del nacional de un Estado miembro de la Unión Europea con el que tenga dicho vínculo?

a) En el momento de la toma de posesión del puesto de trabajo.
b) En el momento de presentación de la solicitud de participación en los procesos selectivos.
c) En el momento de la adjudicación de plazas.
d) Con posterioridad a la publicación de la resolu-ción de aspirantes que han superado el proceso de selección.

302. Una funcionaria del Fondo Monetario Internacional, ¿puede acceder al empleo públi-co de las Administraciones Públicas españolas?

a) Sí, cualquiera que sea su nacionalidad, siempre que posea la titulación requerida y supere el co-rrespondiente proceso selectivo.
b) No.
c) Únicamente si tiene la nacionalidad española.
d) No, únicamente podría acceder si se tratase de un Organismo Internacional de la Unión Europea.

303. Indica cuál de los siguientes sujetos puede formar parte de los órganos de selección:

a) Los funcionarios de carrera.
b) El personal eventual.
c) Los funcionarios interinos.
d) El personal de elección o de designación política.

304. Indica la característica INCORRECTA de los órganos de selección:

a) Los órganos de selección serán unipersonales.
b) La composición de los órganos de selección de-berá ajustarse al principio de imparcialidad de sus miembros.
c) Se tenderá, asimismo, a la paridad entre mujer y hombre.
d) La composición de los órganos de selección de-berá ajustarse al principio de profesionalidad de sus miembros.

305. Una persona que pertenezca a un órgano de se-lección, ¿puede encargar a otra que le represente?

a) Sí, siempre que la persona que ejerza la represen-tación no sea personal eventual.
b) Sí, siempre que la persona que ejerza la represen-tación la ejerza a título individual.

c) No, la pertenencia a los órganos de selección será siempre a título individual.
d) No, la pertenencia a los órganos de selección será siempre colegiada.

306. Son órganos de selección:

a) Los Tribunales y las Comisiones de Selección (tem-porales o permanentes).
b) Las Mesas de Selección.
c) Los Consejos Permanentes y las Mesas de Selección.
d) Los Tribunales y las Comisiones Permanentes de Selección.

307. Una funcionaria ha realizado tareas de prepa-ración de aspirantes a pruebas selectivas durante los años 2017, 2018, 2019 y 2020. ¿Podría formar parte de un órgano de selección en 2024?

a) Sí, en tanto han transcurrido más de dos años de su última participación.
b) Sí, siempre que sea funcionaria de carrera.
c) No, no pueden formar parte de los órganos de selección aquellos funcionarios que hubiesen realizado tareas de preparación de aspirantes a pruebas selectivas en los cinco años anteriores a la publicación de la correspondiente convocatoria.
d) No, no pueden formar parte de los órganos de se-lección aquellos funcionarios que hubiesen realiza-do tareas de preparación de aspirantes a pruebas selectivas durante más de tres años consecutivos.

308. Una funcionaria miembro de un órgano de selección es conocedora de que su sobrina se ha presentado al correspondiente proceso selectivo. ¿Tiene la obligación de abstenerse?

a) No, en tanto la relación de parentesco no está dentro del cuarto grado.
b) No, en tanto la relación de parentesco no está dentro del segundo grado.
c) Sí.
d) Sí, en tanto constituye un motivo de abstención regulado en la Ley 39/2015, de 1 de octubre, del Procedimiento Administrativo Común de las Administraciones Públicas.

309. La actuación en el órgano de selección de una funcionaria con obligación de abstenerse por gra-do de parentesco con alguno de los participantes en el proceso selectivo, ¿implicaría la invalidez de los actos en que haya intervenido?

a) No, en tanto no está incursa en ningún motivo de abstención.

b) Sí, la actuación de autoridades y personal al servicio de las Administraciones Públicas en los que concurran motivos de abstención implicará, necesariamente, y en todo caso, la invalidez de los actos en que hayan intervenido.

c) No, la actuación de autoridades y personal al servicio de las Administraciones Públicas en los que concurran motivos de abstención no implicará, necesariamente, y en todo caso, la invalidez de los actos en que hayan intervenido.

d) Únicamente si alguno de los aspirantes la recusa.

310. Alguno de los aspirantes que participen en el proceso selectivo, ¿puede recusar a la funcionaria por el parentesco descrito en las preguntas anteriores?

a) No, en tanto la funcionaria no está incursa en ninguna causa de abstención.

b) No, únicamente puede recusar la sobrina de la funcionaria.

c) Sí, cualquier aspirante podrá recusar a la funcionaria.

d) Sí, cualquier aspirante podrá recusar a la funcionaria con la autorización del órgano de selección correspondiente.

311. La oportuna recusación, ¿se puede plantear oralmente ante el órgano de selección?

a) Sí, expresando la causa o causas en que se funda.

b) No procede recusación en el supuesto descrito en las preguntas anteriores.

c) Sí, excepcionalmente, expresando la causa o causas en que se funda.

d) No, la recusación se planteará por escrito en el que se expresará la causa o causas en que se funda.

312. Si la funcionaria recusada niega la causa de recusación, ¿cómo se resolverá el incidente?

a) El superior resolverá en el día siguiente, si aprecia la concurrencia de la causa de recusación.

b) El superior acordará su sustitución acto seguido.

c) El superior acordará su sustitución en el plazo de tres días.

d) El superior resolverá en el plazo de tres días, previos los informes y comprobaciones que considere oportunos.

313. La oportuna cuestión derivada del incidente de recusación contra la funcionaria, ¿suspende la tramitación del procedimiento?

a) Sí.

b) No, las cuestiones incidentales que se susciten en el procedimiento, incluso las que se refieran a la nulidad de actuaciones, no suspenden la tramitación del mismo.

c) Sí, siempre que el incidente de recusación lo haya incoado la sobrina de la funcionaria.

d) No, en tanto no procede incidente de recusación en el supuesto descrito en las preguntas anteriores.

314. Indica a cuál de los siguientes órganos de selección se encomienda el desarrollo y la calificación de las pruebas selectivas para el acceso a aquellos Cuerpos y Escalas en los que el elevado número de aspirantes y el nivel de titulación o especialización exigidos así lo aconseje:

a) Mesas Permanentes de Selección.

b) Tribunales.

c) Tribunales de Selección.

d) Comisiones Permanentes de Selección.

315. Según artículo 62 del TREBEP, ¿cuál es el orden correcto en el cumplimiento sucesivo de requisitos para adquirir la condición de funcionario de carrera?

a) Superación del proceso selectivo, nombramiento por el órgano o autoridad competente, que será publicado en el Diario Oficial correspondiente, acto de acatamiento de la CE y, en su caso, del Estatuto de Autonomía correspondiente y del resto del Ordenamiento Jurídico y toma de posesión dentro del plazo que se establezca.

b) Superación del proceso selectivo, acto de acatamiento de la CE y, en su caso, del Estatuto de Autonomía correspondiente y del resto del Ordenamiento Jurídico, nombramiento por el órgano o autoridad competente, que será publicado en el Diario Oficial correspondiente, y toma de posesión dentro del plazo que se establezca.

c) Superación del proceso selectivo, nombramiento por el órgano o autoridad competente, que será publicado en el Diario Oficial correspondiente, toma de posesión dentro del plazo que se establezca y acto de acatamiento de la CE y, en su caso, del Estatuto de Autonomía correspondiente y del resto del Ordenamiento Jurídico.

d) Superación del proceso selectivo, toma de posesión dentro del plazo que se establezca, nombramiento por el órgano o autoridad competente, que será publicado en el Diario Oficial correspondiente y acto de acatamiento de la CE y, en su caso, del Estatuto de Autonomía correspondiente y del resto del Ordenamiento Jurídico.

316. Los procesos selectivos tendrán carácter abierto y garantizarán la libre concurrencia. El Estatuto Básico del Empleado Público, ¿contiene alguna limitación a esta regla?

a) No.

b) Sí, las medidas de discriminación negativa previstas en el Estatuto Básico del Empleado Público.

c) Sí, entre otras, la promoción interna.

d) La libre concurrencia solo puede ser limitada en los procesos de provisión.

317. Los órganos de selección velarán por el cumplimiento del principio de igualdad de oportunidades entre sexos. Indica cuál de las siguientes reglas se corresponde con este mandato:

a) Ausencia de toda discriminación, directa o indirecta, por razón de sexo, y, especialmente, las derivadas de la maternidad, la asunción de obligaciones familiares y el estado civil.

b) Situación en que se encuentra una persona que sea, haya sido o pudiera ser tratada, en atención a su sexo, de manera menos favorable que otra en situación comparable.

c) Garantía en el acceso al empleo, incluso al trabajo por cuenta propia, en la formación profesional, en la promoción profesional, en las condiciones de trabajo, incluidas las retributivas y las de despido, y en la afiliación y participación en las organizaciones sindicales y empresariales, o en cualquier organización cuyos miembros ejerzan una profesión concreta, incluidas las prestaciones concedidas por las mismas.

d) Situación en que una disposición, criterio o práctica aparentemente neutros pone a personas de un sexo en desventaja particular con respecto a personas del otro, salvo que dicha disposición, criterio o práctica puedan justificarse objetivamente en atención a una finalidad legítima y que los medios para alcanzar dicha finalidad sean necesarios y adecuados.

318. Podrá/n formar parte de los órganos de selección:

a) El personal eventual.

b) Los funcionarios interinos.

c) El personal de designación política.

d) El personal laboral.

319. ¿Qué tipo de prótesis se permite utilizar a las personas con discapacidad durante los procesos selectivos de la Administración del Estado?

a) Solo prótesis visuales.

b) Solo prótesis auditivas.

c) Cualquier prótesis, incluidas las auditivas, si se acredita su necesidad.

d) Ningún tipo de prótesis está permitido.

320. Los procedimientos de selección, ¿pueden incluir pruebas físicas?

a) Sí, siempre que cuiden especialmente la conexión entre el tipo de pruebas a superar y la adecuación al desempeño de las tareas de los puestos de trabajo convocados.

b) Sí, siempre que los ejercicios a realizar demuestren la posesión de habilidades y destrezas.

c) No, las pruebas únicamente podrán consistir en la comprobación de los conocimientos y la capacidad analítica de los aspirantes.

d) No, las pruebas podrán consistir en la comprobación de los conocimientos y la capacidad analítica de los aspirantes o en la realización de las pruebas prácticas que sean precisas.

321. Una convocatoria de acceso a la carrera diplomática, ¿puede contener pruebas consistentes en la comprobación del dominio de lenguas extranjeras?

a) No, las pruebas únicamente podrán consistir en la comprobación de los conocimientos y la capacidad analítica de los aspirantes.

b) No, las pruebas podrán consistir en la comprobación de los conocimientos y la capacidad analítica de los aspirantes o en la realización de las pruebas prácticas que sean precisas.

c) Sí, siempre que el dominio de lenguas extranjeras se exprese de forma oral.

d) Sí.

322. Según el artículo 5 del Real Decreto 364/1995, de 10 de marzo, por el que se aprueba el Reglamento General de Ingreso del Personal al servicio de la Administración general del Estado y de Provisión de Puestos de Trabajo y Promoción Profesional de los Funcionarios Civiles de la Administración general del Estado, en los procedimientos de selección que consten de varios ejercicios, salvo excepciones debidamente justificadas:

a) Al menos uno deberá comprobar el dominio de lenguas extranjeras.

b) Al menos uno deberá consistir en pruebas físicas.

c) Al menos uno deberá tener carácter práctico.

d) Se realizarán por el orden que escoja cada aspirante.

323. Indica a qué tipo de procesos se refiere la siguiente regla: "solo podrán otorgar a dicha valoración una puntuación proporcionada que no determinará, en ningún caso, por sí misma el resultado del proceso selectivo".

a) A los procesos selectivos que incluyan, exclusivamente, pruebas de capacidad.

b) A los procesos selectivos que incluyan, además de las preceptivas pruebas de capacidad, la valoración de méritos de los aspirantes.

c) A los procesos selectivos que incluyan, exclusivamente, la valoración de méritos de los aspirantes.

d) A los procesos de provisión de puestos de trabajo.

324. La Resolución de 30 de mayo de 2019, de la Dirección General de la Policía, por la que se convoca oposición libre para cubrir plazas de alumnos de la Escuela Nacional de Policía, de la División de Formación y Perfeccionamiento, aspirantes a ingreso en la Escala Básica, categoría de Policía, del Cuerpo Nacional de Policía, incluyó, como una de las partes eliminatorias de la tercera prueba de la fase de oposición, un reconocimiento médico. ¿Es adecuada a derecho esta previsión?

a) No, en tanto no se regula en el artículo 61 del Estatuto Básico del Empleado Público.

b) Sí, así lo establece el artículo 5 del Real Decreto 364/1995, de 10 de marzo, por el que se aprueba el Reglamento general de ingreso del personal al servicio de la Administración General del Estado y de provisión de puestos de trabajo y promoción profesional de los funcionarios civiles de la Administración General del Estado.

c) Sí, con el objetivo de comprobar que no concurren en el aspirante ninguna de las causas de exclusión establecidas.

d) No, en tanto no permite comprobar los conocimientos, la capacidad analítica de los aspirantes o sus destrezas y habilidades.

325. Una vez alcanzada la edad de jubilación forzosa, los funcionarios de la Administración General del Estado podrán solicitar la prolongación de la permanencia en el servicio activo como máximo hasta que cumplan la edad de:

a) Setenta y cinco años.

b) Setenta años.

c) Sesenta y siete años y medio.

d) Sesenta y cinco años.

326. Indica cuál de los siguientes NO es un sistema selectivo de funcionarios de carrera:

a) Libre designación.

b) Concurso-oposición.

c) Concurso.

d) Oposición.

327. ¿Cuál es el sistema ordinario de ingreso del personal funcionario al servicio de la Administración General del Estado?

a) Concurso.

b) Oposición.

c) Concurso-oposición.

d) Libre designación.

328. ¿Cuál es el sistema excepcional de ingreso del personal funcionario al servicio de la Administración General del Estado?

a) Libre designación.

b) Oposición.

c) Concurso.

d) Concurso-oposición.

329. ¿En virtud de qué instrumento normativo se podrá aplicar el concurso como sistema selectivo de funcionarios de carrera?

a) Resolución.

b) Ley.

c) Reglamento.

d) Acuerdo.

330. El concurso consiste:

a) En la celebración de una o más pruebas para determinar la capacidad y la aptitud de los aspirantes.

b) En fijar el orden de prelación de los aspirantes.

c) En la celebración de una o más pruebas para determinar la capacidad y la aptitud de los aspirantes y en la comprobación de sus méritos.

d) En la comprobación y calificación de los méritos de los aspirantes y en el establecimiento del orden de prelación de los mismos.

331. Para el acceso por el turno libre al Cuerpo Superior de Sistemas y Tecnologías de la Información de la Administración del Estado se utiliza el sistema de:

a) Oposición.

b) Concurso.

c) Concurso-oposición.

d) Libre designación.

332. Indica cuál de las siguientes Resoluciones convoca un procedimiento de selección:

a) Resolución de 27 de junio de 2019, de la Dirección del Instituto Social de la Marina, por la que se convoca concurso de méritos para la selección y nombramiento de Director del Instituto de Formación Profesional Náutico-Pesquera de Las Palmas de Gran Canaria.

b) Resolución de 18 de marzo de 2019, de la Subsecretaría, por la que se convoca concurso específico para la provisión de puestos de trabajo en la Intervención General de la Seguridad Social.

c) Resolución de la Subsecretaría de Trabajo, Migraciones y Seguridad Social, por la que se convoca proceso selectivo para la cobertura de plazas de personal laboral temporal de la categoría de Ayudante de Gestión y Servicios Comunes, grupo profesional 5 área funcional 1, sujeto al III Convenio Colectivo Único del Personal Laboral de la Administración General del Estado en la Oficialía Mayor del Departamento encomendando la preselección a los Servicios Públicos de Empleo.

d) Resolución de 14 de diciembre de 2017, de la Subsecretaría de Empleo y Seguridad Social, por la que se convoca concurso de traslados para la provisión de puestos de trabajo de personal laboral en la categoría de Médico de Sanidad Marítima en el Instituto Social de la Marina.

333. Los órganos de selección, ¿pueden proponer el acceso a la condición de funcionario de un número superior de aprobados al de plazas convocadas?

a) No, en ningún caso; los aprobados que excedan del número de plazas convocadas se calificarán como nulos de pleno derecho.

b) No, en ningún caso; los aprobados que excedan del número de plazas convocadas se calificarán como anulables.

c) Sí, si así lo prevé la propia convocatoria.

d) Sí, discrecionalmente.

334. El órgano de selección correspondiente propone el nombramiento de 65 aspirantes en el Cuerpo Superior de Administradores Civiles del Estado con la finalidad de cubrir las 65 plazas de ingreso libre. Dos de los aspirantes seleccionados propuestos renuncian a su plaza. ¿Cómo procederá el órgano convocante?

a) Nombrará a 63 aspirantes y cubrirá interinamente las dos plazas renunciadas.

b) Nombrará a los 65 aspirantes y posteriormente, requerirá del órgano de selección relación complementaria de los aspirantes que sigan a los propuestos, para nombrar a los que se encuentren en las dos primeras posiciones como funcionarios de carrera.

c) Antes del nombramiento de los aspirantes o toma de posesión, el órgano convocante requerirá del órgano de selección relación complementaria de los aspirantes que sigan a los propuestos, para su posible nombramiento como funcionarios de carrera.

d) Antes del nombramiento de los aspirantes o toma de posesión, el órgano convocante podrá requerir del órgano de selección relación complementaria de los aspirantes que sigan a los propuestos, para su posible nombramiento como funcionarios de carrera.

335. Uno de los requisitos para adquirir la condición de funcionario de carrera es el nombramiento por el órgano o autoridad competente. ¿A qué autoridad se le atribuye esta función en la Administración General del Estado?

a) A la persona titular de la Dirección General de Función Pública.

b) A la persona titular de la Secretaría General de Administración Digital.

c) A la persona titular de la Secretaría de Estado de Función Pública.

d) A la persona titular de la Secretaría del Ministerio para la Transformación Digital y de la Función Pública.

336. A través de la Resolución de 14 de diciembre de 2018, se nombran funcionarios de carrera, por el sistema general de acceso libre y promoción interna, en el Cuerpo Superior de Sistemas y Tecnologías de la Información de la Administración del Estado. ¿Qué recurso administrativo se podrá interponer contra esta resolución?

a) Recurso contencioso-administrativo.

b) Recurso de alzada.

c) Recurso de revisión.

d) Recurso de reposición.

337. La resolución descrita en la pregunta anterior, ¿puede ser impugnada judicialmente?

a) No, en ningún caso.

b) Sí, previa presentación y resolución posterior del correspondiente recurso de reposición.

c) Sí, mediante el recurso contencioso-administrativo.

d) Sí, una vez ponga fin a la vía administrativa, con la resolución del recurso de alzada.

338. En una eventual interposición de un recurso contencioso-administrativo contra la resolución descrita anteriormente, ¿cuál sería el órgano competente para su conocimiento?

a) Los Juzgados Centrales de lo Contencioso-Administrativo.

b) La Sala de lo Contencioso-Administrativo del Tribunal Supremo.

c) La Sala de lo Contencioso-Administrativo de la Audiencia Nacional.

d) El Ministerio para la Transformación Digital y de la Función Pública.

339. ¿En qué plazo se presenta el recurso cuestionado en la pregunta 71?

a) En el plazo de un mes, a contar desde el día siguiente al de la publicación de la resolución.

b) En el plazo de dos meses, a contar desde el día siguiente al de la publicación de la resolución.

c) En el plazo de tres meses, a contar desde el día siguiente al de la publicación de la resolución.

d) En el plazo de seis meses, a contar desde el día siguiente al de la publicación de la resolución.

340. El nombramiento de funcionario de carrera de la Administración General del Estado, ¿debe ser publicado en el Diario Oficial correspondiente?

a) No, su publicación tiene carácter potestativo.

b) Sí, su publicación tiene carácter preceptivo.

c) No, su publicación tiene carácter no vinculante.

d) Sí, su publicación tiene carácter vinculante.

341. Indica cuál de los siguientes requisitos para adquirir la condición de funcionario de carrera NO es correcto:

a) Superación del proceso selectivo.

b) Nombramiento por el órgano o autoridad competente.

c) Poseer la titulación exigida.

d) Toma de posesión dentro del plazo que se establezca.

342. Indica cuál es el plazo para la toma de posesión para adquirir la condición de funcionario de carrera en la Administración General del Estado.

a) Un mes, según establece el Estatuto Básico del Empleado Público.

b) 30 días, según establece el Estatuto Básico del Empleado Público.

c) Un mes.

d) 30 días.

343. Para participar en un proceso selectivo, ¿se puede eximir del requisito de la nacionalidad por razones de interés general para el acceso a la condición de personal funcionario?

a) No, en ningún caso.

b) Podrá eximirse del requisito de la nacionalidad por Acuerdo del Consejo de Ministros.

c) Podrá eximirse del requisito de la nacionalidad por Acuerdo del Consejo de Ministros o de los Consejos de Gobierno autonómicos.

d) Podrá eximirse del requisito de la nacionalidad solo por ley de las Cortes Generales o de las Asambleas Legislativas de las comunidades autónomas.

344. En relación con el acceso al empleo público y adquisición de la relación de servicio, es INCORRECTO que:

a) Los órganos de selección serán colegiados y su composición deberá ajustarse a los principios de imparcialidad y profesionalidad de sus miembros, y se tenderá, así mismo, a la paridad entre mujer y hombre.

b) Los nacionales de los Estados miembros de la Unión Europea podrán acceder sin excepciones, como personal funcionario, en igualdad de condiciones que los españoles, a los empleos públicos.

c) Solo en virtud de ley podrá aplicarse, con carácter excepcional, como sistema selectivo de funcionario de carrera el concurso, que consistirá únicamente en la valoración de méritos.

d) Solo por ley de las Cortes Generales o de las Asambleas Legislativas de las comunidades autónomas podrá eximirse del requisito de la nacionalidad por razones de interés general para el acceso a la condición de personal funcionario.

345. Una funcionaria de 67 años decide acceder a la jubilación parcial. Esta decisión, ¿le supone la pérdida de la condición de funcionaria de carrera?

a) Sí, la jubilación del funcionario, ya sea parcial o total, es una causa de pérdida de dicha condición.

b) No, la funcionaria no puede acceder a la jubilación parcial porque no cumple el requisito de edad.

c) Sí, según establece la Ley General de la Seguridad Social.

d) No, únicamente la jubilación total del funcionario conlleva la pérdida de su condición.

346. Un funcionario de carrera accede a una notificación en la que se le impone una sanción disciplinaria de separación del servicio por negligencia en la custodia de secretos oficiales. La resolución sancionadora, ¿conlleva la pérdida de la condición de funcionario?

a) Sí, por la comisión de una infracción muy grave.

b) No, la resolución sancionadora debe adquirir firmeza.

c) Sí, con independencia de los recursos que el funcionario pueda presentar contra la resolución.

d) No, únicamente las sanciones penales pueden comportar la pérdida de la condición de funcionario de carrera.

347. La pena de inhabilitación absoluta o especial para cargo público comporta la pérdida de la condición de funcionario de carrera:

a) Siempre que tenga el carácter de principal.
b) Siempre que tenga carácter firme, ya sea principal o accesoria.
c) Ya tenga el carácter de principal o accesoria.
d) En ningún caso.

348. En relación con la nacionalidad, es una causa de pérdida de la condición de funcionario de carrera:

a) La adquisición de la nacionalidad.
b) La pérdida de la nacionalidad.
c) El otorgamiento de la doble nacionalidad.
d) El otorgamiento de la nacionalidad por carta de naturaleza.

349. Una funcionaria de nacionalidad alemana que ocupa un puesto de trabajo en la Administración General del Estado desde el año 1997, obtuvo la concesión de la nacionalidad española por carta de naturaleza por ser víctima del atentado terrorista del 11 de marzo de 2004. La concesión de esta segunda nacionalidad, ¿conlleva la pérdida de la condición de funcionaria de carrera?

a) No, conlleva la pérdida de la condición de funcionario de carrera la pérdida de la nacionalidad española o la de cualquier otro Estado miembro de la Unión Europea.
b) Sí, en tanto los funcionarios de carrera, únicamente pueden acreditar una nacionalidad.
c) Sí, debe renunciar a la nacionalidad alemana para poder mantener la condición de funcionaria de carrera.
d) No, únicamente comporta la suspensión de su condición.

350. Una funcionaria de nacionalidad andorrana obtiene la nacionalidad española tras residir dos años en territorio español. Si perdiera la nacionalidad andorrana, ¿le afectaría en el mantenimiento de su condición de funcionaria de carrera?

a) Una persona con nacionalidad andorrana no puede tener la condición de funcionaria de carrera porque no pertenece a un Estado miembro de la Unión Europea.
b) Sí, en tanto la nacionalidad andorrana fue la que se tuvo en cuenta para su nombramiento como funcionaria de carrera.
c) No, en tanto ha adquirido la nacionalidad española.
d) Sí, por pertenecer a un Estado en el que es de aplicación la libre circulación de trabajadores.

351. Un funcionario de carrera de nacionalidad húngara adscrito a la Administración General del Estado, nacionalidad que se tuvo en cuenta para su nombramiento, que renuncie a la misma:

a) Perdería la condición de funcionario de carrera.
b) Perdería la condición de funcionario de carrera si simultáneamente no adquiere la nacionalidad española o la de algún Estado miembro de la Unión Europea o la de aquellos Estados a los que, en virtud de tratados internacionales celebrados por la Unión Europea y ratificados por España, les sea de aplicación la libre circulación de trabajadores.
c) Mantendría la condición de funcionario de carrera por ser nacional de un Estado miembro de la Unión Europea.
d) La renuncia a la nacionalidad no supone la pérdida de la misma.

352. La renuncia voluntaria a la condición de funcionario:

a) Podrá ser manifestada de forma oral o por escrito.
b) Será aceptada expresamente por la Administración en todo caso.
c) Podrá ser aceptada tácitamente por la Administración.
d) Habrá de ser manifestada por escrito.

353. Indica en cuál de los siguientes casos podrá ser aceptada la renuncia voluntaria a la condición de funcionario:

a) Cuando el funcionario esté sujeto a expediente disciplinario.
b) Cuando haya sido dictado en contra del funcionario auto de procesamiento por la comisión de algún delito.
c) Cuando haya sido dictado en contra del funcionario apertura de juicio oral por la comisión de algún delito.
d) Ninguna de las respuestas anteriores es correcta.

354. Un funcionario que renuncie voluntariamente a su condición:

a) No le inhabilita para ingresar de nuevo en la Administración Pública.
b) Le inhabilita para ingresar de nuevo en la Administración Pública.
c) Le inhabilita para ingresar de nuevo en la Administración Pública en la que ha renunciado.
d) Le inhabilita para ingresar de nuevo en la Administración Pública en la que ha renunciado pero no en las otras que tengan esta consideración.

355. Una aspirante graduada en Derecho se presenta a las pruebas selectivas de ingreso para el cuerpo de Abogados del Estado, por el turno libre y cupo de reserva para discapacitados. Indica cuál es, según el artículo 59 del EBEP, el cupo de vacantes que se tienen que reservar en las ofertas de empleo público para que puedan ser cubiertas por personas con discapacidad:

a) Cupo no inferior al 7 %.
b) Cupo no inferior al 5 %.
c) Cupo no inferior al 2 %.
d) No existe un cupo predeterminado.

356. ¿Qué tipo de discapacidad ha de acreditar la aspirante referida en la pregunta anterior para que se le pueda incluir en las plazas reservadas? Señala la respuesta INCORRECTA.

a) Debe presentar alguna deficiencia física, mental, intelectual o sensorial, previsiblemente permanente que, al interactuar con diversas barreras, pueda impedir su participación plena y efectiva en la sociedad, en igualdad de condiciones con los demás.
b) Debe tener reconocido un grado de discapacidad igual o superior al 33 %.
c) Debe tener reconocida una pensión de incapacidad permanente en el grado de total, absoluta o gran invalidez.
d) Ninguna de las respuestas anteriores es correcta.

357. Para que la aspirante referida en las preguntas anteriores pueda participar en el correspondiente proceso selectivo, será necesario que reúna determinados requisitos. Señala cuál de los siguientes es INCORRECTO:

a) Poseer la titulación exigida.
b) Tener cumplidos 16 años y no exceder, en su caso, de la edad máxima de jubilación forzosa.
c) Poseer la capacidad funcional para el desempeño de las tareas.
d) Ser extranjera con residencia legal en España.

358. La aspirante referida en las preguntas anteriores tiene una amiga de nacionalidad croata que también tiene interés en presentarse en el proceso selectivo. La Administración General del Estado, ¿la podría excluir del proceso por no tener la nacionalidad española?

a) Sí, en tanto para poder participar en los procesos selectivos es necesario tener la nacionalidad española.
b) Sí, en tanto Croacia no es un Estado miembro de la Unión Europea y, por tanto no le es aplicable la libre circulación de trabajadores.

c) No, los nacionales de los Estados miembros de la Unión Europea pueden acceder, como personal funcionario, en igualdad de condiciones que los españoles a todos los empleos públicos.
d) Solo si el empleo público al que aspira, directa o indirectamente implica una participación en el ejercicio del poder público o en las funciones que tienen por objeto la salvaguardia de los intereses del Estado o de las Administraciones Públicas.

359. ¿Qué sistema selectivo utilizará la Administración General del Estado en la convocatoria de Abogados del Estado referida?

a) Oposición y concurso-oposición que podrán incluir una o varias pruebas para determinar la capacidad de los aspirantes y establecer el orden de prelación.
b) Oposición y concurso de valoración de méritos que deberán incluir, en todo caso, una o varias pruebas para determinar la capacidad de los aspirantes y establecer el orden de prelación.
c) Oposición, concurso-oposición y concurso de valoración de méritos.
d) Oposición, consistente en la celebración de una o más pruebas para determinar la capacidad y la aptitud de los aspirantes y fijar su orden de prelación.

360. Indica en cuál de los siguientes supuestos NO se puede conceder la rehabilitación de la condición de funcionario:

a) En caso de que renuncie a la condición de funcionario.
b) En caso de jubilación por incapacidad permanente para el servicio.
c) En caso de pérdida de la nacionalidad.
d) En caso de imposición de una pena principal o accesoria de inhabilitación para cargo público que tuviere carácter firme.

361. La Administración NO aceptará la renuncia a la condición de funcionario:

a) Si el funcionario la solicita para trabajar en el sector privado.
b) Si el funcionario está sujeto a expediente disciplinario.
c) El Ayuntamiento debe aceptar en todo caso la renuncia a la condición de funcionario.
d) Si el funcionario la solicita para ocupar una plaza como personal laboral en la misma Administración Pública en la que presta servicio como funcionario de carrera.

362. La jubilación de los funcionarios NO podrá ser:

a) Voluntaria.
b) Por la declaración de incapacidad temporal para el ejercicio de las funciones propias de su cuerpo o escala.
c) Forzosa.
d) Anticipada.

363. La jubilación de los funcionarios podrá ser:

a) Voluntaria, a criterio de la Administración Pública.
b) Forzosa, al cumplir el funcionario los 60 años de edad.
c) Por el reconocimiento de una pensión de incapacidad permanente en relación con el ejercicio de las funciones de su cuerpo o escala.
d) Parcial.

364. Señala la respuesta incorrecta. En aplicación del artículo 67.1.c) del Estatuto Básico del Empleado Público, la jubilación de los funcionarios podrá ser:

a) Por la declaración de incapacidad permanente para el ejercicio de las funciones propias de su cuerpo o escala.
b) Por el reconocimiento de una pensión de incapacidad permanente total, en relación con el ejercicio de las funciones de su cuerpo o escala.
c) Por el reconocimiento de una pensión de incapacidad permanente absoluta, en relación con el ejercicio de las funciones de su cuerpo o escala.
d) Por el reconocimiento de una pensión de gran invalidez.

365. Un funcionario adscrito a la Administración General del Estado, se plantea solicitar la jubilación voluntaria. ¿Qué regulación establece el Estatuto Básico del Empleado Público al respecto?

a) Según el Estatuto Básico del Empleado Público, procederá la jubilación voluntaria, siempre que el funcionario reúna los requisitos y condiciones establecidos en el Régimen de Seguridad Social que le sea aplicable al llegar a los 35 años de antigüedad.
b) Según el Estatuto Básico del Empleado Público, procederá la jubilación voluntaria, siempre que el funcionario reúna los requisitos y condiciones establecidos en el Régimen de Seguridad Social que le sea aplicable, a solicitud del interesado.
c) Según el Estatuto Básico del Empleado Público, procederá la jubilación voluntaria, siempre que el funcionario reúna los requisitos y condiciones establecidos en el Régimen de Seguridad Social que le sea aplicable al llegar a los 37 años de antigüedad.
d) Según el Estatuto Básico del Empleado Público, en ningún caso procederá la jubilación voluntaria.

366. Una funcionaria que tenga reconocida una pensión de incapacidad permanente en el grado de parcial en relación con el ejercicio de las funciones de su cuerpo o escala, ¿puede obtener la jubilación?

a) Sí, de forma voluntaria, a solicitud de la funcionaria, si cumple los requisitos de edad y condiciones establecidos en el Régimen de Seguridad Social que le sea aplicable.
b) Sí, cualquier declaración de incapacidad permanente para el ejercicio de las funciones propias de su cuerpo o escala, permite obtener la jubilación.
c) No, porque el reconocimiento de la pensión de incapacidad permanente no lo es en el grado de total o absoluta.
d) No, en ningún caso.

367. ¿Cómo se declara la jubilación forzosa?

a) A solicitud del funcionario.
b) De oficio.
c) De oficio o a solicitud del funcionario.
d) A instancia del Instituto Nacional de la Seguridad Social.

368. La jubilación de los funcionarios podrá ser voluntaria:

a) En ningún caso.
b) A solicitud del funcionario.
c) A petición de la Administración.
d) Previa implementación de un procedimiento de reasignación de efectivos.

369. Indica cuál es la edad de la jubilación forzosa del personal funcionario incluido en el Régimen General de la Seguridad Social:

a) Sesenta y cinco años, sin condiciones.
b) Setenta años.
c) Sesenta y siete años.
d) Sesenta y tres años, cuando se acrediten treinta y ocho años y seis meses de cotización.

370. Una funcionaria incluida en el Régimen General de la Seguridad Social, ¿puede jubilarse con sesenta y cinco años?

a) Sí, la jubilación se declara de oficio al cumplir la funcionaria los sesenta y cinco años de edad.
b) No, tiene que haber cumplido sesenta y siete años.
c) Sí, siempre que acredite treinta y ocho años y seis meses de cotización.
d) No, tiene que haber cumplido setenta años.

371. En caso de extinción de la relación de servicios por jubilación por incapacidad para el servicio, ¿puede el interesado solicitar la rehabilitación de su condición de funcionario?

a) Sí, siempre que haya desaparecido la causa objetiva que la motivó.

b) Sí, si la incapacidad es permanente, haya desaparecido o no la causa objetiva que la motivó.

c) No, en ningún caso.

d) Sí, siempre que la jubilación sea por incapacidad permanente y haya desaparecido la causa objetiva que la motivó.

372. En la situación planteada en la pregunta anterior, ¿puede la Administración negar la rehabilitación de su condición de funcionario?

a) Sí, en tanto la concesión o no de la rehabilitación de la condición de funcionario tiene carácter discrecional.

b) No.

c) Sí, en determinados casos.

d) No, siempre que se trate de una incapacidad para el servicio y haya desaparecido la causa objetiva que la motivó.

373. Un funcionario condenado a una pena principal de inhabilitación especial para cargo público por tiempo de dos años, por incumplir una resolución del Tribunal Constitucional, ¿puede obtener la rehabilitación de su condición?

a) No, en tanto que el Estatuto Básico del Empleado Público únicamente prevé la rehabilitación de la condición de funcionario en caso de extinción de la relación de servicios como consecuencia de pérdida de la nacionalidad o jubilación por incapacidad permanente para el servicio.

b) Sí, de oficio.

c) Sí, excepcionalmente, a petición del interesado.

d) Sí, excepcionalmente, de oficio.

374. En el caso planteado por la pregunta anterior, si transcurre el plazo para dictar la resolución de rehabilitación y esta no se produce de forma expresa, ¿cómo se entenderá?

a) La solicitud de rehabilitación de la condición de funcionario se entenderá estimada.

b) La solicitud de rehabilitación de la condición de funcionario se entenderá desestimada.

c) La solicitud de rehabilitación de la condición de funcionario se entenderá prescrita.

d) La solicitud de rehabilitación de la condición de funcionario se entenderá caducada.

375. No produce la pérdida de la condición de funcionario:

a) La pena principal de inhabilitación absoluta cuando hubiere adquirido firmeza la sentencia que la imponga respecto a todos los empleos o cargos que tuviere el funcionario.

b) La pena accesoria de inhabilitación absoluta cuando hubiere adquirido firmeza la sentencia que la imponga respecto a todos los empleos o cargos que tuviere el funcionario.

c) La pena principal o accesoria de inhabilitación especial cuando hubiere adquirido firmeza la sentencia que la imponga respecto de aquellos empleos o cargos especificados en la sentencia.

d) Ninguna de las respuestas anteriores es correcta.

376. Conforme al artículo 69 del EBEP, un objetivo de la planificación de los recursos humanos en las Administraciones Públicas es contribuir a la consecución de la eficacia:

a) En la utilización de los recursos económicos disponibles.

b) En la prestación de los servicios.

c) En la organización del trabajo.

d) En la distribución de los efectivos.

377. Señala la palabra que falta en la siguiente frase: Según el artículo 69.1 del EBEP, uno de los objetivos de la planificación de los recursos humanos en las Administraciones Públicas será la .... en la utilización de los recursos económicos disponibles:

a) Interoperabilidad.

b) Austeridad.

c) Eficiencia.

d) Eficacia.

378. Entre los medios expuestos por el artículo 69 del EBEP para contribuir a la consecución de la eficiencia en la utilización de los recursos económicos disponibles, no figura:

a) La dimensión adecuada de sus efectivos.

b) La formación de sus efectivos.

c) La negociación con los representantes de sus efectivos.

d) La movilidad de sus efectivos.

379. El artículo 69.1 del EBEP menciona como uno de los medios para la consecución de los objetivos de la planificación de los recursos humanos en las Administraciones Públicas:

a) La libre designación de los cargos directivos.

b) La reducción de servicios públicos.

c) La adopción de acuerdos con los centros de formación y universidades para la formación de los futuros profesionales.
d) La mejor distribución de sus efectivos.

380. Según el artículo 69.2 del EBEP, las Administraciones Públicas, para la ordenación de sus recursos humanos:

a) Deberán aprobar Planes.
b) Podrán firmar Convenios.
c) Deberán firmar Acuerdos.
d) Podrán aprobar Planes.

381. Señala la respuesta incorrecta. En virtud del artículo 69.2 del EBEP, las Administraciones Públicas podrán aprobar Planes para la ordenación de sus recursos humanos que incluyan, entre otras medidas, el análisis de las disponibilidades y necesidades de personal desde los siguientes puntos de vista:

a) De los niveles de cualificación.
b) Del número de efectivos.
c) De los perfiles profesionales.
d) De la productividad media de los efectivos.

382. Entre las medidas a incluir en los Planes para la ordenación de los recursos humanos de las Administraciones Públicas, el artículo 69.2.b) del EBEP menciona las previsiones sobre los sistemas de organización del trabajo y modificaciones de:

a) Estructuras de puestos de trabajo.
b) Los perfiles profesionales.
c) Baremos y requisitos exigidos en las bases de las convocatorias.
d) Composición de los tribunales.

383. Entre las medidas a incluir en los Planes para la ordenación de los recursos humanos de las Administraciones Públicas, el artículo 69.2.e) del EBEP menciona la previsión de la incorporación de recursos humanos a través de:

a) La Oferta de empleo público.
b) Bolsas públicas de demandantes de empleo.
c) Las Relaciones de Puestos de Trabajo.
d) La lista de aspirantes al desempeño.

384. El artículo 69.2.c) del EBEP establece que, entre las medidas de movilidad que podrán incluir los Planes para la ordenación de los recursos humanos de las Administraciones Públicas podrá figurar:

a) La libre designación de puestos en todos los ámbitos de personal.

b) La suspensión de incorporaciones de personal externo a un determinado ámbito.
c) La convocatoria de concursos de provisión de puestos limitados a personal de ámbitos indeterminados.
d) La suspensión de incorporaciones de personal interno a un determinado ámbito.

385. Según el artículo 69.3 del EBEP, cada Administración Pública planificará sus recursos humanos:

a) De acuerdo a las necesidades que se les presenten.
b) De acuerdo a lo que dispone el EBEP.
c) De acuerdo con los sistemas que establezcan las normas que les sean de aplicación.
d) De acuerdo a lo que establezcan las leyes de desarrollo que aprueben las distintas Comunidades Autónomas en su ámbito de aplicación.

386. La primera medida que considera el artículo 69.2 del EBEP para incluir en los Planes para la ordenación de los recursos humanos de las Administraciones Públicas, es:

a) El análisis de las disponibilidades y necesidades de personal.
b) La previsión sobre los sistemas de organización del trabajo.
c) La movilidad del personal disponible.
d) La promoción interna y la formación del personal.

387. Uno de los medios reconocidos expresamente por el artículo 69.2 del EBEP para la consecución de los objetivos de eficacia en la prestación de los servicios, y de eficiencia en la utilización de los recursos económicos disponibles, a conseguir con la planificación de los recursos humanos en las Administraciones Públicas, es:

a) La promoción profesional.
b) El control del gasto público.
c) La inamovilidad de los funcionarios.
d) El teletrabajo.

388. Conforme al artículo 69.1 del EBEP, la eficacia en la prestación de los servicios:

a) Es una medida a incluir en los Planes para la ordenación de los recursos humanos de las AA. PP.
b) Es un objetivo a conseguir al que ha de contribuir la planificación de los recursos humanos de las AA. PP.
c) Es un instrumento para realizar la planificación de los recursos humanos de las AA. PP.
d) Es un medio para conseguir los objetivos de la planificación de los recursos humanos en las AA. PP.

389. Según el artículo 70.2 del EBEP, la ejecución de la oferta de empleo público o instrumento similar deberá desarrollarse dentro del plazo:

a) De 1 año, prorrogable por causas excepcionales otros tres años.

b) Improrrogable, de 2 años.

c) De 2 años, prorrogable a través de una ley 1 año más.

d) Improrrogable, de 3 años.

390. ¿Qué porcentaje adicional al previsto en las Ofertas de empleo público, podrá añadirse en las convocatorias de los correspondientes procesos selectivos?

a) Un 10 %.

b) Un 15 %.

c) Un 20 %.

d) Un 25 %.

391. La Oferta de empleo público o instrumento similar, se aprobará:

a) Al menos una vez cada 3 años, por los órganos de Gobierno de las Administraciones Públicas.

b) Anualmente, por ley de las Cortes Generales o del Parlamento de la Comunidad Autónoma correspondiente.

c) Anualmente, por los órganos de Gobierno de las Administraciones Públicas.

d) Al menos una vez cada 2 años, por el órgano responsable en materia de Función Pública de la Administración Pública correspondiente.

392. La Oferta de empleo público o instrumento similar:

a) Deberá ser publicada en el Diario oficial correspondiente.

b) Deberá ser publicada en el BOE y, en su caso, en el Diario oficial correspondiente.

c) Al menos deberá ser publicada en el BOE.

d) Deberá ser publicada en un diario oficial.

393. La oferta de empleo público debe fijar:

a) El plazo máximo para la convocatoria de los correspondientes procesos selectivos.

b) La composición de los órganos de selección que se harán cargo de los correspondientes procesos selectivos.

c) Las bases generales por las que se regirá cada uno de los correspondientes procesos selectivos.

d) Los sistemas de selección que se han de utilizar para cada uno de los correspondientes procesos selectivos.

394. Conforme al artículo 70.3 del EBEP, la Oferta de empleo público o instrumento similar:

a) No podrá contener medidas derivadas de la planificación de recursos humanos.

b) Deberá contener medidas derivadas de la planificación de recursos humanos.

c) Podrá contener medidas derivadas de la planificación de recursos humanos.

d) Solo podrá contener medidas derivadas de la planificación de recursos humanos.

395. Conforme al artículo 70.1 del EBEP, se proveerán mediante la incorporación de personal de nuevo ingreso a través de la Oferta de empleo público u otro instrumento similar, las necesidades de recursos humanos:

a) Tengan o no asignación presupuestaria.

b) Que no tengan asignación presupuestaria.

c) Con asignación presupuestaria.

d) Con previsión de modificación presupuestaria.

396. La aprobación de la oferta de empleo público:

a) Comporta la obligación de convocar los correspondientes procesos selectivos para las plazas comprometidas.

b) Comporta la obligación de convocar un único proceso selectivo con la totalidad de las plazas comprometidas.

c) Posibilita la convocatoria de procesos selectivos que incluyan todas o parte de las plazas ofertadas.

d) Determina el número máximo de plazas que se pueden convocar, pero no supone la obligación de convocarlas todas.

397. El Registro de Personal de cada Administración Pública, ha de tener en cuenta:

a) La igualdad de consideración de todos los colectivos.

b) La no inclusión de determinados colectivos.

c) Las peculiaridades de determinados colectivos.

d) La publicidad de las peculiaridades de cada colectivo.

398. Los contenidos mínimos comunes de los Registros de personal:

a) Están establecidos en el EBEP.

b) Serán establecidos por una ley reguladora de la Función Pública, en desarrollo del EBEP.

c) Se establecerán mediante convenio de Conferencia Sectorial.

d) Han de establecerse reglamentariamente por el Ministerio competente en materia de función pública.

399. A los efectos del Registro de personal y la gestión integrada de recursos humanos, la Administración General del Estado y las Comunidades Autónomas deberán, respecto a las Entidades Locales que no cuenten con la suficiente capacidad financiera o técnica:

a) Sustituirlas.
b) Agregarlas.
c) Transferirles personal y medios.
d) Cooperar con ellas.

400. Respecto a la gestión integrada de recursos humanos, el EBEP encomienda a las Administraciones Públicas:

a) Su abolición.
b) Su impulso.
c) Su puesta en marcha.
d) Su consideración.

401. El artículo 71.1 del EBEP prevé la constitución de un Registro de personal:

a) Único para todas las Administraciones Públicas.
b) En cada Administración Pública.
c) A nivel de Comunidad Autónoma.
d) Únicamente a nivel estatal.

402. Conforme al artículo 71.2 del EBEP, los registros de personal:

a) Solo disponen de información del personal funcionario.
b) Solo pueden disponer información del personal funcionario y del personal laboral.
c) Podrán disponer de la información agregada sobre los restantes recursos humanos de su respectivo sector público.
d) Deberán disponer de la información agregada sobre todos los recursos humanos de su respectivo sector público.

403. La obligación de las Administraciones Públicas de constituir un Registro, impuesta por el artículo 71.1 del EBEP, no alcanza al siguiente personal:

a) Personal laboral de las entidades locales.
b) Personal laboral de las Universidades Públicas.
c) Personal funcionario de la Sociedad Estatal Correos y Telégrafos.
d) Personal funcionario de las Cortes Generales.

404. Según el artículo 71.1 del EBEP, cada Administración Pública constituirá un Registro en el que se inscribirán los datos relativos al personal contemplado en los artículos 2 y 5 del presente Estatuto y que tendrá en cuenta las peculiaridades de determinados colectivos. Entre el personal abarcado en dichos artículos no figura:

a) El personal funcionario de las ciudades de Ceuta y Melilla.
b) El personal funcionario al servicio de la Administración de Justicia.
c) El personal estatutario de los Servicios de Salud.
d) El personal laboral de los organismos públicos, agencias y demás entidades de derecho público con personalidad jurídica propia, vinculadas o dependientes de cualquiera de las Administraciones Públicas.

405. Señala la palabra que completa la siguiente frase: Según el artículo 71.4 del EBEP, las Administraciones Públicas impulsarán la gestión .... de recursos humanos:

a) Integrada.
b) Privada.
c) Especializada.
d) Departamental.

Soluciones

301. b)	311. d)	321. d)	331. a)	341. c)	351. b)	361. b)	371. d)	381. d)	391. c)
302. c)	312. d)	322. c)	332. c)	342. c)	352. d)	362. b)	372. b)	382. a)	392. a)
303. a)	313. a)	323. b)	333. c)	343. d)	353. d)	363. d)	373. c)	383. a)	393. a)
304. a)	314. d)	324. c)	334. d)	344. b)	354. a)	364. d)	374. b)	384. b)	394. c)
305. c)	315. a)	325. b)	335. c)	345. d)	355. a)	365. d)	375. d)	385. c)	395. c)
306. d)	316. c)	326. a)	336. d)	346. b)	356. d)	366. a)	376. b)	386. a)	396. a)
307. c)	317. c)	327. b)	337. c)	347. b)	357. d)	367. b)	377. c)	387. d)	397. c)
308. c)	318. d)	328. c)	338. c)	348. b)	358. d)	368. b)	378. c)	388. b)	398. c)
309. c)	319. c)	329. b)	339. a)	349. a)	359. d)	369. c)	379. d)	389. d)	399. d)
310. c)	320. a)	330. d)	340. b)	350. c)	360. a)	370. c)	380. d)	390. a)	400. b)

406. Según el artículo 71.3 del EBEP, los contenidos mínimos comunes de los Registros de personal y los criterios que permitan el intercambio homogéneo de la información entre Administraciones, se establecerán con respeto a lo establecido en la legislación de:

a) Procedimiento administrativo común de las Administraciones Públicas.
b) Protección de datos de carácter personal.
c) Interoperabilidad.
d) Representación de los trabajadores.

407. El artículo 71.5 del EBEP prevé que, a efectos de lo contemplado en el artículo 71 respecto a los Registros de personal y la Gestión integrada de recursos humanos, la Administración General del Estado y las Comunidades Autónomas cooperen con las Entidades Locales:

a) De menos de 10.000 habitantes.
b) Que lo soliciten.
c) Que no cuenten con la suficiente capacidad financiera o técnica.
d) Con menos de 10 funcionarios.

408. Señala la palabra que falta en la siguiente frase: Conforme al artículo 71.3 del EBEP, mediante convenio de Conferencia Sectorial se establecerán los contenidos mínimos comunes de los Registros de personal y los criterios que permitan el intercambio .... de la información entre Administraciones:

a) Instantáneo.
b) Seguro.
c) Homogéneo.
d) Responsable.

409. Ciertas normas indican a las Administraciones Públicas cómo estructurar sus recursos humanos, en el marco de sus competencias de autoorganización, entre ellas, las que regulan:

a) La promoción profesional.
b) El código de conducta.
c) El registro de personal.
d) El régimen de permisos y licencias.

410. Señala la respuesta incorrecta. Según el artículo 72 del EBEP, en el marco de sus competencias de autoorganización, las Administraciones Públicas estructuran sus recursos humanos de acuerdo con las normas que regulan:

a) La selección.
b) La movilidad.

c) La distribución de funciones.
d) Las retribuciones.

411. Conforme al artículo 73 del EBEP, los empleados públicos tienen:

a) La obligación de desempeñar un puesto de trabajo.
b) Derecho al desempeño de un puesto de trabajo.
c) Derecho a la obtención de un puesto de trabajo.
d) El derecho y la obligación de consolidar un puesto de trabajo.

412. Señala la respuesta incorrecta. Conforme al artículo 73 del EBEP, las Administraciones Públicas podrán asignar a su personal funciones, tareas o responsabilidades distintas a las correspondientes al puesto de trabajo que desempeñen siempre que:

a) Resulten adecuadas a su clasificación, grado o categoría.
b) Las necesidades del servicio lo justifiquen.
c) No haya merma en las retribuciones.
d) No se prolonguen más de 3 meses.

413. Conforme al artículo 73.3 del EBEP, para ordenar la selección, la formación y la movilidad, los puestos de trabajo podrán agruparse en función de:

a) Su ubicación.
b) Sus características.
c) El sexo de los empleados.
d) La edad de los empleados.

414. Siguiendo el artículo 73.2 del EBEP, ¿pueden las Administraciones Públicas asignar a su personal funciones, tareas o responsabilidades distintas a las correspondientes al puesto de trabajo que desempeñen?

a) No, en ningún caso.
b) Sí, siempre que no haya merma en las retribuciones.
c) Sí, siempre que resulten adecuadas a su clasificación, grado o categoría.
d) Sí, cuando las necesidades del servicio lo justifiquen, dichas funciones resulten adecuadas a su clasificación, grado o categoría y no haya merma en las retribuciones.

415. En virtud del artículo 73.3 del EBEP, los puestos de trabajo podrán agruparse en función de sus características para ordenar la selección, la formación y:

a) La movilidad.
b) La evaluación del desempeño.
c) La promoción profesional.
d) La responsabilidad.

416. En virtud del artículo 73.3 del EBEP, para ordenar la selección, la formación y la movilidad, los puestos de trabajo:

a) Han de agruparse en función de sus características.
b) Podrán agruparse en función de su ubicación.
c) Podrán agruparse en función de sus características.
d) Han de agruparse únicamente en función del grado o categoría.

417. ¿Cuál de los siguientes datos han de incluir necesariamente las relaciones de puestos de trabajo?

a) Las retribuciones básicas.
b) Los grupos de clasificación profesional.
c) La ubicación de los puestos.
d) El departamento al que se adscriben los puestos.

418. Según el artículo 74 del EBEP, las Administraciones Públicas estructurarán su organización a través de:

a) Relaciones de puestos de trabajo u otros instrumentos organizativos similares.
b) Las plantillas de personal.
c) Ofertas de empleo público o instrumentos similares.
d) Organigramas.

419. Las Administraciones Públicas estructurarán su organización a través de relaciones de puestos de trabajo u otros instrumentos organizativos similares. Dichos instrumentos serán:

a) Públicos.
b) De acceso restringido.
c) De uso interno, exclusivamente.
d) De carácter confidencial.

420. Entre los contenidos mínimos que, según el artículo 74 del EBEP, han de comprender las relaciones de puestos de trabajo, no figura:

a) La denominación de los puestos.
b) Las retribuciones complementarias.
c) Los sistemas de provisión.
d) Requisitos para su desempeño.

421. Conforme a lo previsto en el Capítulo II (Estructuración del empleo público), del Título V (Ordenación de la actividad profesional) del TREBEP, el elemento estructural básico de la organización de las Administraciones Públicas es:

a) El funcionario.
b) El puesto de trabajo.
c) La plaza.
d) La categoría.

422. Los cuerpos y escalas de funcionarios se crean, modifican y suprimen por:

a) Real Decreto del Gobierno o Decreto del Gobierno autonómico.
b) En todo caso, ley de las Cortes Generales.
c) Ley de las Cortes Generales o de las asambleas legislativas de las comunidades autónomas.
d) Orden ministerial o del consejero competente en materia de función pública.

423. Según el artículo 75 del EBEP, los funcionarios se agrupan en cuerpos, escalas, especialidades u otros sistemas que incorporen, acreditados a través de un proceso selectivo, los siguientes aspectos comunes:

a) Competencias.
b) Capacidades.
c) Objetivos.
d) Conocimientos.

424. Conforme al artículo 75.1 del EBEP, las competencias, capacidades y conocimientos comunes incorporados en los cuerpos, escalas u otros sistemas en que se agrupan los funcionarios, se acreditan a través de:

a) Un nombramiento.
b) Un proceso selectivo.
c) Una toma de posesión.
d) Un juramento o promesa.

425. En las referencias que el EBEP hace a cuerpos y escalas, se entienden comprendidos/as:

a) Los grupos del Personal laboral.
b) El personal eventual.
c) La escala directiva.
d) Cualquier otra agrupación de funcionarios.

426. El artículo 76 del EBEP señala los nuevos grupos de clasificación profesional del personal funcionario, entre los que no figura:

a) El Grupo A2.
b) El Grupo C1.
c) El Grupo B.
d) El Grupo D.

427. Conforme al artículo 76 del EBEP, ¿qué título se exigirá para el acceso a los cuerpos o escalas del Grupo B?

a) Diplomado universitario.
b) Técnico auxiliar.
c) Técnico superior.
d) Bachiller.

428. La clasificación de los cuerpos y escalas en los subgrupos A1 y A2 estará en función de:

a) El nivel de titulación universitaria exigido.
b) El nivel de responsabilidad de las funciones a desempeñar y de las características de las pruebas de acceso.
c) La adquisición o no del doctorado.
d) El sistema de selección que se aplique.

429. En virtud del artículo 76 del EBEP, los cuerpos y escalas se clasifican, de acuerdo con la titulación exigida para el acceso a los mismos, en los siguientes grupos:

a) A, B y C.
b) A, B, C, D y E.
c) 1, 2 y 3.
d) A1, A2, B1, B2, C1, C2, D y E.

430. ¿Para el acceso a cuál de los siguientes Grupos o Subgrupos se exigirá, según el EBEP, el título de Bachiller o Técnico?

a) Grupo B.
b) Grupo C.
c) Subgrupo C1.
d) Agrupaciones Profesionales.

431. ¿Cómo se realizará la clasificación del personal laboral de las Administraciones Públicas?

a) De conformidad con la legislación laboral.
b) Del mismo modo que la de los funcionarios.
c) Como considere oportuno cada Administración Pública.
d) La clasificación es una medida propia del personal funcionario.

432. Conforme al artículo 78.1 del EBEP, las Administraciones Públicas proveerán los puestos de trabajo mediante procedimientos basados en los principios de igualdad, mérito, capacidad y:

a) Transparencia.
b) Publicidad.
c) Legalidad.
d) Discrecionalidad.

433. La provisión de puestos de trabajo en cada Administración Pública se llevará a cabo por los procedimientos de:

a) Concurso y de oposición.
b) Oposición y concurso-oposición.
c) Libre designación con y sin convocatoria pública.
d) Concurso y de libre designación con convocatoria pública.

434. El artículo 78.3 del EBEP autoriza a las leyes de Función Pública que se dicten en desarrollo del mismo, a establecer otros procedimientos de provisión en los supuestos de:

a) Jubilaciones por supresión de los puestos de trabajo.
b) Reingreso a servicios especiales.
c) Permutas entre puestos de trabajo.
d) Movilidad por motivos de procedencia geográfica del empleado.

435. De acuerdo con el artículo 78.3 del EBEP, las leyes de Función Pública que se dicten en desarrollo del mismo podrán establecer otros procedimientos de provisión en los supuestos de movilidad por motivos de:

a) Salud o rehabilitación del funcionario.
b) Rencillas entre compañeros.
c) Falta de autoridad.
d) Escolarización de los hijos.

436. El artículo 78.1 del EBEP establece cuatro principios en los que las Administraciones Públicas han de basar los procedimientos para la provisión de puestos de trabajo. Señala cuál de los siguientes NO es correcto:

a) Mérito.
b) Capacidad.
c) Imparcialidad.
d) Publicidad.

437. No es uno de los principios mediante los que, según el artículo 78.1 del EBEP, las Administraciones Públicas han de proveer los puestos de trabajo:

a) Competencia.
b) Publicidad.
c) Mérito.
d) Igualdad.

438. Según el artículo 79.1 del EBEP, el procedimiento normal de provisión de puestos de trabajo es:

a) El concurso-oposición.
b) La libre designación con convocatoria pública.
c) El concurso.
d) La remoción de puestos de trabajo.

439. La composición de los órganos colegiados de carácter técnico encargados de valorar los concursos de provisión de puestos de trabajo del personal funcionario de carrera, responderá al principio de:

a) Paridad entre mujer y hombre.
b) Imparcialidad.

c) Objetividad.
d) Profesionalidad y especialización de sus miembros.

440. Un objetivo de la planificación de los recursos humanos en las Administraciones Públicas es que el gasto en recursos humanos se realice de forma:

a) Consensuada.
b) Arbitraria.
c) Eficiente.
d) Transversal.

441. ¿A qué reglas se ha de ajustar el funcionamiento de los órganos colegiados técnicos encargados de la valoración de los concursos para provisión de puestos de trabajo?

a) Profesionalidad y especialización.
b) Imparcialidad y objetividad.
c) Mérito y capacidad.
d) Publicidad y paridad entre mujer y hombre.

442. Según el artículo 79.2 del EBEP, el plazo mínimo de ocupación de los puestos obtenidos por concurso para poder participar en otros concursos de provisión de puestos de trabajo, es de:

a) 1 año.
b) 2 años.
c) 3 años.
d) Dicho plazo mínimo será establecido por las leyes de Función Pública que se dicten en desarrollo del EBEP.

443. A tenor del artículo 79.1 del EBEP, ¿cuál de los siguientes criterios se ha de tener en cuenta en la selección de los miembros de los órganos colegiados de carácter técnico de valoración de los concursos de provisión de puestos de trabajo?

a) Paridad entre mujer y hombre.
b) Antigüedad.
c) Especialización.
d) Imparcialidad.

444. El concurso es un sistema de provisión de puestos de trabajo que consiste en:

a) La valoración de los conocimientos de los candidatos.
b) La valoración de la experiencia de los candidatos en cierta materia.
c) La valoración de los puestos de trabajo que mejor se adaptan a cada empleado.
d) La valoración de los méritos y capacidades y, en su caso, aptitudes de los candidatos.

445. El EBEP prevé que en las convocatorias de concursos de provisión de puestos de trabajo se pueda establecer una puntuación que, como máximo, podrá alcanzar la que se determine en las mismas para la antigüedad, para:

a) Quienes tengan la condición de víctima del terrorismo o de amenazados.
b) Las víctimas de violencia de género.
c) La agrupación familiar.
d) Quienes justifiquen la pertenencia a familia numerosa.

446. Conforme al artículo 79.1 el concurso, como procedimiento de provisión de puestos de trabajo, consiste en la valoración de una serie de rasgos que han de ser valorados por un órgano colegiado de carácter:

a) Político.
b) Independiente.
c) Técnico.
d) Administrativo.

447. En las convocatorias de concursos podrá establecerse una puntuación para quienes tengan la condición de víctima del terrorismo o de amenazados, siempre que se acredite que la obtención del puesto sea preciso para la consecución de los fines de protección y asistencia social integral de estas personas. Para la acreditación de estos extremos, será preciso en todo caso, cuando se trate de garantizar la protección de las víctimas, el informe de:

a) El Ministerio del Interior.
b) El Defensor del Pueblo.
c) El Fiscal General del Estado.
d) El Director General de la Policía Nacional.

448. En las distintas Administraciones Públicas, en el caso de supresión o remoción de los puestos obtenidos por concurso se deberá:

a) Declarar a los afectados en la situación de excedencia forzosa, estando estos obligados a participar en la siguiente convocatoria de concurso.
b) Asignar un puesto de trabajo conforme al sistema de carrera profesional propio de cada Administración Pública y con las garantías inherentes de dicho sistema.
c) El EBEP prohíbe la supresión o remoción de los puestos obtenidos por concurso.
d) Asignar un puesto de trabajo conforme al sistema de carrera profesional de la Administración General del Estado y con las garantías establecidas en el EBEP.

449. Para acreditar, a efectos de la puntuación en los concursos de provisión de puestos de trabajo, que la obtención del puesto es preciso para la consecución de los fines de protección y asistencia social integral de las personas que tengan la condición de víctima del terrorismo o de amenazados:

a) Se ha de determinar por ley los órganos competentes para la emisión de los correspondientes informes. En todo caso, cuando se trate de garantizar la asistencia social de las víctimas será preciso el informe del Ministerio competente en materia de servicios sociales.

b) Se precisa informe previo del Ministerio del Interior.

c) Se precisa informe previo del Ministerio competente en materia de servicios sociales.

d) Se ha de determinar reglamentariamente los órganos competentes para la emisión de los correspondientes informes. En todo caso, cuando se trate de garantizar la protección de las víctimas será preciso el informe del Ministerio del Interior.

450. En las convocatorias de concursos podrá establecerse para quienes tengan la condición de víctima del terrorismo o de amenazados, una puntuación:

a) Que como máximo, podrá alcanzar la que se determine en las mismas para la antigüedad.

b) Igual a la que se determine en las mismas para la antigüedad.

c) Que duplique para este personal la que les correspondería solo por la antigüedad.

d) Que como mínimo, deberá alcanzar la que se determine en las mismas para la antigüedad.

451. En las convocatorias de concursos podrá establecerse para quienes tengan la condición de víctima del terrorismo o de amenazados, una puntuación que como máximo podrá alcanzar la que se determine en las mismas para:

a) La formación académica.

b) La antigüedad.

c) La publicación de libros y revistas.

d) El desempeño de cargos directivos o funciones docentes.

452. En virtud del artículo 79.1 del EBEP, en la composición de los órganos de valoración de los concursos de provisión de los puestos de trabajo del personal funcionario de carrera:

a) Deberá haber representación sindical.

b) Podrá responder a criterios políticos.

c) No es obligatorio aplicar el criterio de paridad entre mujer y hombre.

d) Sus miembros deberán responder al principio de profesionalidad y especialización.

453. ¿Qué sistema de provisión de puestos de trabajo consiste en la apreciación discrecional por el órgano competente de la idoneidad de los candidatos en relación con los requisitos exigidos para el desempeño del puesto?

a) El concurso de traslados.

b) La libre designación.

c) El reingreso al servicio activo.

d) La permuta entre puestos de trabajo.

454. Los titulares de los puestos de trabajo provistos por el procedimiento de libre designación con convocatoria pública:

a) Únicamente cesarán cuando cese el órgano que los nombró.

b) No podrán ser cesados discrecionalmente.

c) Han de ser cesados discrecionalmente.

d) Podrán ser cesados discrecionalmente.

455. Las leyes de Función Pública que se dicten en desarrollo del EBEP establecerán los criterios para determinar los puestos que puedan cubrirse por el procedimiento de libre designación con convocatoria pública por su especial:

a) Complejidad y especialización.

b) Compromiso y retribución.

c) Responsabilidad y confianza.

d) Trascendencia política.

456. En caso de cese del titular de un puesto provisto por el procedimiento de libre designación con convocatoria pública se deberá:

a) Declarar a los afectados en la situación de excedencia forzosa, estando estos obligados a participar en la siguiente convocatoria de concurso.

b) Asignar un puesto de trabajo conforme al sistema de carrera profesional propio de cada Administración Pública y con las garantías inherentes de dicho sistema.

c) El EBEP prohíbe la supresión o remoción de los puestos obtenidos por libre designación.

d) Asignar un puesto de trabajo conforme al sistema de carrera profesional de la Administración General del Estado y con las garantías establecidas en el EBEP.

457. La provisión de puestos de trabajo por el sistema de libre designación con convocatoria pública del personal funcionario de carrera consiste en que la idoneidad de los candidatos en relación con los requisitos exigidos para el desempeño del puesto será:

a) Valorada por el órgano competente en base a un baremo reglamentariamente establecido.
b) Valorada por un órgano colegiado de carácter técnico facultado por el órgano competente.
c) Apreciada discrecionalmente por el órgano competente.
d) Apreciada discrecionalmente por un órgano colegiado integrado por especialistas.

458. En el sistema de provisión de puestos de trabajo por libre designación con convocatoria pública, el órgano competente, para apreciar la idoneidad de los candidatos:

a) Deberá nombrar un órgano colegiado de especialistas.
b) Podrá recabar la intervención de un órgano colegiado de carácter administrativo.
c) Podrá recabar la intervención de especialistas.
d) Deberá actuar personalmente y de forma discrecional.

459. Los criterios para determinar los puestos que por su especial responsabilidad y confianza puedan cubrirse por el procedimiento de libre designación con convocatoria pública:

a) Han sido establecidos por el EBEP.
b) Se establecerán por las leyes de Función Pública que se dicten en desarrollo del EBEP.
c) Se establecerán anualmente en las correspondientes leyes de Presupuestos Generales.
d) Se establecerán reglamentariamente.

460. Señala la palabra que falta en la siguiente frase: Según el artículo 80.1 del EBEP, la libre designación con convocatoria pública consiste en la apreciación ……………….. por el órgano competente de la idoneidad de los candidatos en relación con los requisitos exigidos para el desempeño del puesto.

a) Discrecional.
b) Objetiva.
c) Conforme a baremo.
d) Especializada.

461. Las Administraciones Públicas establecerán reglas para la ordenación de la movilidad voluntaria de los funcionarios públicos:

a) En el marco de la planificación general de sus recursos humanos y sin perjuicio del derecho de los funcionarios a la movilidad, cuando consideren que existen sectores prioritarios de la actividad pública con necesidades específicas de efectivos.

b) Cuando planifiquen sus recursos humanos, sin perjuicio de las necesidades específicas de efectivos, cuando existan sectores prioritarios de actividad pública.
c) En el marco del derecho de los funcionarios a la movilidad y sin perjuicio de la planificación general de sus recursos humanos, cuando consideren que existen sectores prioritarios de la actividad pública con necesidades específicas de efectivos.
d) Cuando los funcionarios con derecho a movilidad pertenezcan a sectores prioritarios de la actividad pública sin necesidades específicas de efectivos, sin perjuicio de la planificación general de sus recursos humanos.

462. ¿Pueden trasladar las Administraciones Públicas a sus funcionarios a unidades, departamentos u organismos públicos o entidades distintos a los de su destino?

a) No, en ningún caso.
b) Sí, de manera motivada y siempre que sea por necesidades de servicio.
c) Sí, respetando sus retribuciones y condiciones esenciales de trabajo.
d) Sí, de manera motivada, por necesidades de servicio o funcionales, a unidades, departamentos u organismos públicos o entidades distintos a los de su destino, respetando sus retribuciones, condiciones esenciales de trabajo, sin que se produzca, en ningún caso, modificación de la adscripción de los puestos de trabajo de los que sean titulares.

463. Cuando por motivos excepcionales los planes de ordenación de recursos impliquen cambio de lugar de residencia se dará prioridad a:

a) La voluntariedad de los traslados.
b) La antigüedad de los funcionarios.
c) Las cargas familiares de los funcionarios.
d) La edad de los funcionarios.

464. Conforme al artículo 81.3 del EBEP, los puestos de trabajo pueden proveerse con carácter provisional:

a) Cuando por motivos excepcionales los planes de ordenación de recursos impliquen cambio de lugar de residencia.
b) En caso de urgente e inaplazable necesidad.
c) Cuando varios funcionarios opten a un mismo puesto.
d) Siempre que se trate de un traslado forzoso.

465. Con motivo de los traslados forzosos, los funcionarios:

a) Tienen derecho a un incremento de sus retribuciones complementarias.
b) No tendrán derecho a indemnización alguna.

c) Tendrán derecho a las indemnizaciones estable-cidas reglamentariamente.

d) Solo tienen derecho a las indemnizaciones que expre-samente reconozca la ley para este tipo de traslados.

466. En el caso en que se provean los puestos de trabajo con carácter provisional, por urgente e inaplazable necesidad, deberá procederse a su convocatoria pública dentro del plazo:

a) Máximo de 3 meses.

b) Máximo de 6 meses.

c) Máximo de 1 año.

d) Que señalen las normas que sean de aplicación.

467. El traslado de los funcionarios de las Administraciones Públicas por necesidades de servicio o funcionales a unidades, departamentos u organismos públicos o entidades distintos a los de su destino, se ha de producir:

a) De manera confidencial.

b) De manera pactada.

c) De manera motivada.

d) De manera excepcional.

468. Señala la palabra que falta, en el siguiente párrafo correspondiente al artículo 81.3 del EBEP. "En caso de urgente e inaplazable necesidad, los puestos de trabajo podrán proveerse con carácter .... debiendo procederse a su convo-catoria pública dentro del plazo que señalen las normas que sean de aplicación":

a) Prioritario.

b) Voluntario.

c) Definitivo.

d) Provisional.

469. ¿Cuál de las siguientes condiciones NO se exige a las Administraciones Públicas para que puedan trasladar a sus funcionarios a unidades, departamentos u organismos públicos o entida-des distintos a los de su destino?

a) Que se haga de manera motivada.

b) Que se respeten las retribuciones y condiciones esenciales de trabajo de los funcionarios.

c) Que se produzca por urgente e inaplazable necesidad.

d) Que se haga por necesidades de servicio o funcionales.

470. Las mujeres víctimas de violencia de género que se vean obligadas a abandonar el puesto de trabajo en la localidad donde venían prestando sus servicios, para hacer efectiva su protección o el derecho a la asistencia social integral, tendrán derecho al traslado a otro puesto de trabajo:

a) Propio de su cuerpo, escala o categoría profesional, de análogas características, sin necesidad de que sea vacante de necesaria cobertura.

b) Propio de su cuerpo, escala o categoría profesional, aunque no sea de análogas características, siempre que sea un puesto vacante de necesaria cobertura.

c) Vacante de necesaria cobertura, aunque no sea propio de su cuerpo, escala ni categoría profesional.

d) Propio de su cuerpo, escala o categoría profesional, de análogas características, y vacante de necesaria cobertura.

471. El traslado a otro puesto de trabajo de las mu-jeres víctimas de violencia de género para hacer efectiva su protección o el derecho a la asistencia social integral, tendrá la consideración de:

a) Traslado voluntario.

b) Traslado confidencial.

c) Traslado excepcional.

d) Traslado forzoso.

472. Las mujeres víctimas de violencia de género que se vean obligadas a abandonar el puesto de trabajo en la localidad donde venían prestando sus servicios, para hacer efectiva su protección o el derecho a la asistencia social integral, tendrán derecho al traslado a otro puesto de trabajo pro-pio de su cuerpo, escala o categoría profesional, de análogas características, sin necesidad de que sea vacante de necesaria cobertura. Aun así, en tales supuestos la Administración Pública com-petente, estará obligada a comunicarle:

a) Todas las vacantes de que disponga la Administración Pública.

b) Las vacantes ubicadas en la misma localidad, únicamente.

c) Las vacantes ubicadas en la misma localidad y en las localidades cercanas.

d) Las vacantes ubicadas en la misma localidad o en las localidades que la interesada expresamente solicite.

473. Conforme al artículo 82.1 del EBEP, relativo a la movilidad por razón de violencia de género o de violencia sexual, en las actuaciones y procedi-mientos relacionados con la violencia de género se ha de proteger:

a) La intimidad de las víctimas.

b) La integridad física de las víctimas.

c) La solvencia económica de las víctimas.

d) El puesto de trabajo de las víctimas.

474. Las mujeres víctimas de violencia de género o de violencia sexual que se vean obligadas a abandonar el puesto de trabajo en la localidad donde venían prestando sus servicios, para hacer efectiva su protección o el derecho a la asistencia social integral, tendrán derecho al traslado a otro puesto de trabajo:

a) Vacante de necesaria cobertura.

b) Propio de su cuerpo, escala o categoría profesional, de análogas características, que encontrándose vacante sea de necesaria cobertura.

c) Que se encuentre vacante, aunque no sea de necesaria cobertura ni sea propio de su cuerpo, escala o categoría profesional.

d) Propio de su cuerpo, escala o categoría profesional, de análogas características, sin necesidad de que sea vacante de necesaria cobertura.

475. Según el artículo 82.1 del EBEP, ¿de qué localidad o localidades estará la Administración Pública competente obligada a comunicar a la mujer víctima de violencia de género o de violencia sexual que se haya visto obligada a abandonar su puesto de trabajo, las vacantes a que puede trasladarse?

a) Solo de la misma localidad donde venía prestando sus servicios.

b) De la misma provincia donde venía prestando sus servicios.

c) De la misma localidad o localidades cercanas a aquella en la que venía prestando sus servicios.

d) De la misma localidad o de las localidades que la interesada expresamente solicite.

476. Los funcionarios que hayan sufrido daños físicos o psíquicos como consecuencia de la actividad terrorista tendrán derecho, siempre que ostenten la condición de funcionarios y de víctimas del terrorismo, al traslado a otro puesto de trabajo propio de su cuerpo, escala o categoría profesional, de análogas características:

a) Siempre que la vacante sea en la misma localidad.

b) Cuando la vacante sea de necesaria cobertura o, en caso contrario, dentro de la comunidad autónoma.

c) Aun cuando la vacante no sea de necesaria cobertura, siempre que sea dentro de la misma localidad.

d) Cuando la vacante sea de necesaria cobertura y dentro de la comunidad autónoma.

477. El derecho de los funcionarios a la movilidad por razón de violencia terrorista:

a) Tendrá carácter indefinido, aun una vez se retire la protección y la asistencia integral de la persona a la que se concede.

b) Tendrá una duración de tres años, prorrogables por otros tres años más.

c) Podrá ser ejercitado en tanto resulte necesario para la protección y asistencia social integral de la persona a la que se concede.

d) Podrá ser ejercitado durante un tiempo mínimo de un año y un máximo de diez.

478. El derecho de los funcionarios al traslado a otro puesto de trabajo por razón de violencia terrorista, requiere:

a) Previo reconocimiento del Ministerio del Interior o de sentencia judicial firme.

b) Informe previo de la Dirección General de la Policía.

c) Comunicación previa al Ministerio Fiscal.

d) Autorización del Ministerio de Justicia.

479. Los funcionarios que hayan sufrido daños físicos o psíquicos como consecuencia de la actividad terrorista, tendrán derecho al traslado a otro puesto de trabajo propio de su cuerpo, escala o categoría profesional, de análogas características, para hacer efectivo su derecho a la protección y a:

a) El amparo institucional.

b) La tutela efectiva.

c) La asistencia social integrada.

d) La rehabilitación.

480. El derecho al traslado a otro puesto de trabajo propio de su cuerpo, escala o categoría profesional, reconocido por el artículo 82.2 del EBEP por razón de violencia terrorista, abarca:

a) A los funcionarios que hayan sufrido daños físicos como consecuencia de la actividad terrorista, su cónyuge o persona que haya convivido con análoga relación de afectividad, y los hijos de los heridos y fallecidos, siempre que ostenten la condición de funcionarios y de víctimas del terrorismo de acuerdo con la legislación vigente.

b) A los funcionarios que hayan sufrido daños físicos o psíquicos como consecuencia de la actividad terrorista, su cónyuge o persona que haya convivido con análoga relación de afectividad, y los hijos de los heridos y fallecidos, siempre que ostenten la condición de funcionarios y de víctimas del terrorismo de acuerdo con la legislación vigente.

c) A los funcionarios que hayan sufrido daños físicos o psíquicos como consecuencia de la actividad terrorista y a los funcionarios amenazados.

d) A los funcionarios que hayan sufrido daños físicos o psíquicos como consecuencia de la actividad terrorista, su cónyuge o persona que haya convivido con análoga relación de afectividad, y los hijos de los heridos y fallecidos, siempre que ostenten la condición de funcionarios y de víctimas del terrorismo de acuerdo con la legislación vigente, así como a los funcionarios amenazados.

481. El traslado a otro puesto de trabajo propio de su cuerpo, escala o categoría profesional, reconocido por el artículo 82.2 del EBEP por razón de violencia terrorista, tendrá la consideración de:

a) Traslado voluntario.
b) Traslado fortuito.
c) Traslado forzoso.
d) Traslado flexible.

482. Según el artículo 82.3 del EBEP referido al derecho de los funcionarios al traslado por razón de violencia terrorista, en las actuaciones y procedimientos relacionados con la violencia terrorista se protegerá la intimidad de las víctimas, en especial sus datos personales, y los de:

a) Su cónyuge o persona que haya convivido con análoga relación de afectividad y sus hijos.
b) Sus descendientes y los de cualquier persona que esté bajo su guarda o custodia.
c) Cualquier familiar o amigo de la víctima.
d) Las personas que convivan con él.

483. ¿Puede ser trasladado un funcionario víctima de terrorismo a un puesto de trabajo propio de su cuerpo, escala o categoría profesional, de análogas características, que estando vacante no sea de necesaria cobertura?

a) Sí, si está dentro de la comunidad autónoma.
b) No, obligatoriamente el puesto vacante debe ser de necesaria cobertura.
c) Sí, siempre que pertenezca a la misma Administración Pública.
d) Sí, si la vacante está ubicada en la misma localidad o en las localidades que el interesado expresamente solicite.

484. La provisión de puestos y movilidad del personal laboral se realizará de conformidad con:

a) Lo que establezcan las leyes de Función Pública que se dicten en desarrollo del EBEP.
b) Lo establecido por el EBEP para el personal funcionario.

c) Lo establecido por el sistema de provisión de puestos y movilidad del personal funcionario de carrera, y, en su defecto por los convenios colectivos que sean de aplicación.
d) Lo que establezcan los convenios colectivos que sean de aplicación y, en su defecto por el sistema de provisión de puestos y movilidad del personal funcionario de carrera.

485. ¿Ha de realizarse la provisión de puestos y movilidad del personal de conformidad con el sistema de provisión de puestos y movilidad del personal funcionario de carrera?

a) Sí, el EBEP fija un único sistema para todo empleado público.
b) No, en ningún caso; el sistema de provisión de puestos y movilidad del personal laboral ha de establecerse necesariamente en los convenios colectivos.
c) Sí, en defecto de los convenios colectivos que sean de aplicación.
d) No, en defecto de los convenios colectivos que sean de aplicación, la provisión de puestos y movilidad del personal laboral de cualquier Administración Pública se realizará de conformidad con lo que establezcan otros convenios colectivos de otras Administraciones Públicas próximas.

486. Los funcionarios de carrera que obtengan destino en otra Administración Pública a través de los procedimientos de movilidad quedarán respecto de su Administración de origen en la situación administrativa de:

a) Excedencia forzosa.
b) Servicios Especiales.
c) Suspensión de Funciones.
d) Servicio en otras Administraciones Públicas.

487. Con el fin de lograr un mejor aprovechamiento de los recursos humanos, que garantice la eficacia del servicio que se preste a los ciudadanos, la Administración General del Estado y las comunidades autónomas y las entidades locales establecerán medidas de movilidad interadministrativa, preferentemente mediante:

a) Comisiones Bilaterales de Cooperación.
b) Comisiones Territoriales de Coordinación.
c) Acuerdos de Adhesión u otros instrumentos de admisión.
d) Convenio de Conferencia Sectorial u otros instrumentos de colaboración.

488. En los supuestos de remoción o supresión del puesto de trabajo obtenido por concurso en otra Administración Pública, los funcionarios de carrera:

a) Permanecerán en la Administración de destino, que deberá asignarles un puesto de trabajo conforme a los sistemas de carrera y provisión de puestos vigentes en dicha Administración.

b) Volverán a la Administración de origen, que deberá asignarles un puesto de trabajo conforme a los sistemas de carrera y provisión de puestos vigentes en la Administración de destino.

c) Volverán a la Administración de origen, que deberá asignarles un puesto de trabajo conforme a los sistemas de carrera y provisión de puestos vigentes en dicha Administración.

d) Permanecerán en la Administración de destino, que deberá asignarles un puesto de trabajo conforme a los sistemas de carrera y provisión de puestos vigentes en la Administración de origen.

489. Los funcionarios de carrera que obtengan destino por libre designación en otra Administración Pública, en el supuesto de cese, y mientras se les adscribe a otro puesto de la misma o se les comunica que no se hará efectiva dicha adscripción, se entenderá:

a) Que están en situación de servicio activo en su Administración de origen.

b) Que continúan a todos los efectos en servicio activo en la Administración de destino.

c) Que pasan provisionalmente a la situación de excedencia forzosa en la Administración de destino.

d) Que se encuentran en situación de suspensión de funciones en ambas Administraciones.

490. En el supuesto de cese del puesto obtenido por libre designación en otra Administración Pública ¿en qué plazo la Administración de destino tiene que acordar la adscripción del funcionario a otro puesto de la misma o comunicarle que no va a hacer efectiva dicha adscripción?

a) 15 días naturales a contar desde el día siguiente al del cese.

b) 20 días hábiles, a contar desde el día que se produjo el cese.

c) 20 días naturales, a contar desde el día que se produjo el cese.

d) 1 mes, a contar desde el día siguiente al del cese.

491. Transcurrido el plazo al que se refiere la pregunta anterior, sin que se hubiera acordado su adscripción a otro puesto, o recibida la comunicación de que la misma no va a hacerse efectiva, el funcionario tiene un plazo máximo para solicitar el reingreso al servicio activo en su Administración de origen, de:

a) 1 mes.

b) 2 meses.

c) 3 meses.

d) 10 días.

492. De no solicitarse el reingreso al servicio activo en el plazo indicado será declarado de oficio en situación de:

a) Suspensión de funciones.

b) Servicios especiales.

c) Excedencia voluntaria por interés particular.

d) Excedencia forzosa.

493. La declaración de oficio de dicha situación administrativa tendrá efectos:

a) Desde el día siguiente a que hubiesen cesado en el servicio activo en la Administración de destino.

b) Desde el mismo día en que hubiesen cesado en el servicio activo en la Administración de destino.

c) Desde el día en que se les comunicó que no se haría efectiva la adscripción a otro puesto en la Administración de destino.

d) Desde el día siguiente al de finalización del plazo para solicitar el reingreso en el servicio activo en la Administración de origen.

494. Solicitado el reingreso al servicio activo en su Administración de origen, ésta deberá asignarle un puesto de trabajo conforme a los sistemas de carrera y provisión vigentes en dicha Administración, con efectos económicos y administrativos:

a) Desde la fecha en que se produjo el cese en la Administración de destino.

b) Desde la fecha en que se le comunicó que la Administración de destino no haría efectiva su adscripción a otro puesto.

c) Desde la fecha en que se hubiera solicitado el reingreso.

d) Desde la fecha en que se incorpore al nuevo puesto en su Administración de origen.

495. Señala la palabra que falta en la siguiente frase: Según el artículo 84.2 del EBEP, en relación a la movilidad voluntaria entre Administraciones Públicas, la Conferencia Sectorial de Administración Pública podrá aprobar los criterios generales a tener en cuenta para llevar a cabo las .... necesarias para hacer posible la movilidad.

a) Homologaciones.

b) Medidas.

c) Condiciones.
d) Solicitudes.

496. ¿Con qué fin justifica el artículo 84.1 del EBEP el establecimiento de medidas de movilidad interadministrativa entre la Administración General del Estado y las comunidades autónomas y las entidades locales?

a) Conseguir una mayor cohesión entre los distintos territorios de la nación.
b) Facilitar a los funcionarios el acercamiento a sus lugares de origen.
c) Lograr un mejor aprovechamiento de los recursos humanos.
d) Posibilitar la reunificación familiar de los empleados públicos.

497. ¿A cuál de las siguientes Conferencias Sectoriales faculta el EBEP en su artículo 84.2 para poder aprobar los criterios generales a tener en cuenta para llevar a cabo las homologaciones necesarias para hacer posible la movilidad interadministrativa?

a) Conferencia Sectorial de Administración Pública.
b) Conferencia Sectorial de Igualdad.
c) Consejo de Política Fiscal y Financiera de las Comunidades Autónomas.
d) Conferencia Sectorial de Empleo y Asuntos Laborales.

498. ¿Cuál de las siguientes no es una situación administrativa de los funcionarios administrativos?

a) Funcionario interino.
b) Servicio activo.
c) Excedencia.
d) Suspensión de funciones.

499. Las leyes de Función Pública que se dicten en desarrollo del Estatuto Básico del Empleado Público podrán regular otras situaciones administrativas de los funcionarios de carrera, en los supuestos, en las condiciones y con los efectos que en las mismas se determinen, cuando concurra, entre otras, alguna de las circunstancias siguientes:

a) Cuando por razones organizativas, de reestructuración interna o exceso de personal, resulte una imposibilidad transitoria de asignar un puesto de trabajo o la conveniencia de incentivar la cesación en el servicio activo.
b) Cuando los funcionarios accedan, bien por promoción interna o por otros sistemas de acceso, a otros cuerpos o escalas y no les corresponda quedar en alguna de las situaciones previstas en este Estatuto, y cuando pasen a prestar servicios en organismos o entidades del sector público en régimen distinto al de funcionario de carrera.
c) Dicha regulación, según la situación administrativa de que se trate, podrá conllevar garantías de índole retributiva o imponer derechos u obligaciones en relación con el reingreso al servicio activo.
d) Cuando el funcionario pase a formar parte de la plantilla de personal laboral de la Administración Pública.

500. Quienes, conforme a la normativa de función pública dictada en desarrollo del Estatuto Básico del Empleado Público, presten servicios en su condición de funcionarios públicos cualquiera que sea la Administración u organismo público o entidad en el que se encuentren destinados y no les corresponda quedar en otra situación, se encuentran:

a) En servicio activo.
b) En servicios especiales.
c) En servicio en otras Administraciones Públicas.
d) En excedencia.

Soluciones

401. b)	411. b)	421. b)	431. a)	441. b)	451. b)	461. a)	471. d)	481. c)	491. a)
402. c)	412. d)	422. c)	432. b)	442. d)	452. d)	462. c)	472. d)	482. b)	492. c)
403. d)	413. b)	423. c)	433. d)	443. a)	453. b)	463. a)	473. a)	483. a)	493. a)
404. b)	414. d)	424. b)	434. c)	444. d)	454. d)	464. b)	474. d)	484. d)	494. a)
405. a)	415. a)	425. d)	435. a)	445. a)	455. c)	465. c)	475. d)	485. c)	495. a)
406. b)	416. c)	426. d)	436. c)	446. c)	456. b)	466. d)	476. b)	486. c)	496. c)
407. c)	417. b)	427. c)	437. a)	447. a)	457. c)	467. c)	477. c)	487. d)	497. a)
408. c)	418. a)	428. b)	438. c)	448. b)	458. c)	468. d)	478. a)	488. a)	498. a)
409. a)	419. a)	429. a)	439. d)	449. d)	459. b)	469. c)	479. c)	489. b)	499. d)
410. d)	420. d)	430. c)	440. c)	450. a)	460. a)	470. a)	480. d)	490. d)	500. a)

501. Cuando los funcionarios sean designados miembros del Gobierno o de los órganos de gobierno de las comunidades autónomas y ciudades de Ceuta y Melilla, miembros de las Instituciones de la Unión Europea o de las organizaciones internacionales, o sean nombrados altos cargos de las citadas Administraciones Públicas o Instituciones, estarán:

a) En servicio activo.
b) En servicios especiales.
c) En servicio en otras Administraciones Públicas.
d) En excedencia.

502. Cuando los funcionarios sean nombrados para desempeñar puestos o cargos en organismos públicos o entidades, dependientes o vinculados a las Administraciones Públicas que, de conformidad con lo que establezca la respectiva Administración Pública, estén asimilados en su rango administrativo a altos cargos, serán:

a) En servicio activo.
b) En servicios especiales.
c) En servicio en otras Administraciones Públicas.
d) En excedencia.

503. Quedará privado durante el tiempo de permanencia en la misma del ejercicio de sus funciones y de todos los derechos inherentes a la condición, el funcionario que se encuentre en situación de:

a) Servicio activo.
b) Excedencia.
c) Suspensión de funciones.
d) Servicios especiales.

504. Los funcionarios que se encuentren en situación de servicios especiales:

a) Percibirán las retribuciones del puesto o cargo que desempeñen y no las que les correspondan como funcionarios de carrera.
b) Percibirán las retribuciones que les correspondan como funcionarios de carrera.
c) No percibirán los trienios que tienen reconocidos durante el tiempo de servicio especial.
d) El tiempo que permanezcan en tal situación no se les puede computar a efectos de ascensos.

505. Se considerarán funcionarios en servicio activo:

a) Los funcionarios de carrera.
b) Los funcionarios que accedan a la condición de Diputado o Senador de las Cortes Generales o

miembros de las asambleas legislativas de las comunidades autónomas si perciben retribuciones periódicas por la realización de la función.
c) Los funcionarios que sean autorizados para realizar una misión por periodo determinado superior a seis meses en organismos internacionales, gobiernos o entidades públicas extranjeras o en programas de cooperación internacional.
d) Los funcionarios que sean designados para formar parte del Consejo General del Poder Judicial o de los consejos de justicia de las comunidades autónomas.

506. Cuando un funcionario se encuentre en situación de servicios especiales:

a) No percibirá retribución alguna.
b) No se computará dicho periodo para promoción interna.
c) Tendrá derecho, al menos, a reingresar al servicio activo en la misma localidad, en las condiciones y con las retribuciones correspondientes a la categoría, nivel o escalón de la carrera consolidados, de acuerdo con el sistema de carrera administrativa vigente en la Administración Pública a la que pertenezcan.
d) Percibirá las retribuciones que le correspondan como funcionario de carrera, así como los trienios reconocidos.

507. Los funcionarios públicos que hayan sido nombrados miembros del Poder Judicial:

a) Recibirán el mismo tratamiento en consolidación del grado que tenían durante este periodo de servicio especial.
b) Recibirán el tratamiento en consolidación del grado que tenían antes de acceder a ser miembro del Poder Judicial.
c) Recibirán el mismo tratamiento en la consolidación del grado y conjunto de complementos que se establezca para quienes hayan sido directores generales y otros cargos superiores de la correspondiente Administración Pública.
d) Recibirán el mismo tratamiento en la consolidación del grado que se establezca para quienes hayan sido directores generales y otros cargos superiores de la correspondiente Administración Pública, pero no en el conjunto de complementos.

508. Los funcionarios de carrera que, en virtud de los procesos de transferencias o por los procedimientos de provisión de puestos de trabajo, obtengan destino en una Administración Pública distinta, serán declarados:

a) En situación de servicio activo.
b) En situación de servicio especial.

c) Es situación de servicio en otras Administraciones Públicas.

d) En situación de excedencia.

509. Los funcionarios transferidos a las Comunidades Autónomas:

a) Se integran plenamente en la organización de la Función Pública de las mismas, hallándose en la situación de servicio activo en la Función Pública de la comunidad autónoma en la que se integran.

b) No se integran en la organización de la Función Pública de las mismas, siguen formando parte de la Unidad de la que provienen.

c) Se consideran en situación de servicios especiales.

d) No parten de los derechos económicos inherentes a la posición en la carrera que hubieran adquirido anteriormente.

510. Indica la respuesta incorrecta. Los funcionarios que reingresen al servicio activo en la Administración de origen, procedentes de la situación de servicio en otras Administraciones Públicas:

a) Tendrán reconocido el tiempo de servicio en la Administración Pública en la que estén destinados y se les computará como de servicio activo en su cuerpo o escala de origen.

b) Obtendrán el reconocimiento profesional de los progresos alcanzados en el sistema de carrera profesional y sus efectos sobre la posición retributiva conforme al procedimiento previsto en los convenios de Conferencia Sectorial y demás instrumentos de colaboración que establecen medidas de movilidad interadministrativa.

c) No podrán regresar en servicio activo al cuerpo o escala de origen.

d) En su caso, la Administración Pública en la que se produce el reingreso podrá reconocer los progresos profesionales alcanzados.

511. ¿Cuál de las siguientes no es una excedencia contemplada en el artículo 89.1 del Estatuto Básico del Empleado Público para los funcionarios de carrera?

a) Excedencia voluntaria por interés particular.

b) Excedencia voluntaria por interés general.

c) Excedencia por cuidado de familiares.

d) Excedencia por razón de violencia terrorista.

512. Los funcionarios de carrera podrán obtener la excedencia voluntaria por interés particular:

a) Cuando hayan prestado servicios efectivos en cualquiera de las Administraciones Públicas durante un periodo mínimo de dos años inmediatamente anteriores.

b) Cuando hayan prestado servicios efectivos en cualquiera de las Administraciones Públicas durante un periodo mínimo de cinco años inmediatamente anteriores.

c) Cuando hayan prestado servicios efectivos en cualquiera de las Administraciones Públicas durante un periodo mínimo de diez años inmediatamente anteriores.

d) Cuando hayan prestado servicios efectivos en cualquiera de las Administraciones Públicas durante un periodo mínimo de quince años inmediatamente anteriores.

513. La ley permite una disminución del periodo establecido en el Estatuto Básico del Empleado Público para la que optar a la excedencia voluntaria por interés particular:

a) No, es un periodo general que no se puede excepcionar.

b) No, no se puede disminuir el tiempo mínimo establecido para obtener la excedencia voluntaria, pero la ley sí que puede contemplar periodos superiores para poder optar a la misma, en casos excepcionales.

c) Sí, si las leyes de Función Pública que se dicen en desarrollo del presente Estatuto así lo disponen.

d) Sí, pero solo si contraviene el orden público.

514. La concesión de la excedencia voluntaria por interés particular:

a) Es automática.

b) Es excepcional.

c) Depende de las necesidades de trabajo de la Unidad en cada momento concreto, a juicio del responsable.

d) Queda subordinada a las necesidades del servicio debidamente motivadas.

515. Procederá declarar de oficio la excedencia voluntaria por interés particular:

a) Nunca, lo tiene que solicitar en todo momento el interesado.

b) Cuando al funcionario público se le instruya expediente disciplinario.

c) Cuando finalizada la causa que determinó el pase a una situación distinta a la de servicio activo, se incumpla la obligación de solicitar el reingreso al servicio activo en el plazo en que se determine reglamentariamente.

d) Cuando así lo determine el superior jerárquico del funcionario público.

516. Los funcionarios públicos que se encuentren en situación de excedencia por interés particular:

a) Devengarán retribuciones.
b) El periodo les será computable a efectos de ascensos.
c) Ni devengarán retribuciones ni les será computable el tiempo que permanezcan en tal situación a efectos de ascensos.
d) No devengarán retribuciones, pero el periodo les será computable el tiempo que permanezcan en tal situación a efectos de ascensos.

517. ¿Cuánto tiempo le será reservado a un funcionario con una excedencia por cuidado de hijo menor el puesto de trabajo que desempeña?

a) Un año.
b) Como mínimo dos años.
c) Como mínimo tres años.
d) Como mínimo cinco años.

518. La excedencia voluntaria de los funcionarios por agrupación familiar:

a) No está contemplada legalmente.
b) Podrá concederse sin el requisito de haber prestado servicios efectivos en cualquiera de las Administraciones Públicas durante el periodo establecido a los funcionarios cuyo cónyuge resida en otra localidad por haber obtenido y estar desempeñando un puesto de trabajo de carácter definitivo como funcionario de carrera.
c) Se podrá conceder y se seguirán devengando retribuciones.
d) Se podrá conceder y tal situación se computará positivamente a efectos de ascensos.

519. Los funcionarios de carrera tendrán derecho a un período de excedencia:

a) De duración no superior a un año para atender al cuidado de cada hijo, tanto cuando lo sea por naturaleza como por adopción, o de cada menor sujeto a guarda con fines de adopción o acogimiento permanente, a contar desde la fecha de nacimiento o, en su caso, de la resolución judicial o administrativa.
b) De duración no superior a tres años para atender al cuidado de cada hijo, tanto cuando lo sea por naturaleza como por adopción, o de cada menor sujeto a guarda con fines de adopción o acogimiento permanente, a contar desde la fecha de nacimiento o, en su caso, de la resolución judicial o administrativa.
c) De duración no superior a cuatro años para atender al cuidado de cada hijo, tanto cuando lo sea por naturaleza como por adopción, o de cada menor

sujeto a guarda con fines de adopción o acogimiento permanente, a contar desde la fecha de nacimiento o, en su caso, de la resolución judicial o administrativa.
d) De duración no superior a cinco años para atender al cuidado de cada hijo, tanto cuando lo sea por naturaleza como por adopción, o de cada menor sujeto a guarda con fines de adopción o acogimiento permanente, a contar desde la fecha de nacimiento o, en su caso, de la resolución judicial o administrativa.

520. Los funcionarios de carrera, para atender al cuidado de un familiar que se encuentre a su cargo, hasta el segundo grado inclusive de consanguinidad o afinidad que por razones de edad, accidente, enfermedad o discapacidad no pueda valerse por sí mismo y no desempeñe actividad retribuida, tendrán derecho a un período de excedencia:

a) De duración no superior a un año.
b) De duración no superior a tres años.
c) De duración no superior a cuatro años.
d) De duración no superior a cinco años.

521. El periodo de excedencia:

a) Solamente se puede disfrutar una vez.
b) Será único para cada sujeto causante.
c) No se extinguirá el periodo de excedencia que se viniera disfrutando en el caso que un nuevo sujeto causante diera origen a una nueva excedencia.
d) No se podrá limitar ni en el caso de que dos funcionarios generasen el derecho a disfrutarla por el mismo sujeto causante.

522. María está disfrutando de una excedencia por cuidado de un hijo de 5 años y se pregunta: ¿cuánto tiempo le será reservado el puesto de trabajo que desempeña?

a) Solamente un año.
b) Como mínimo un año.
c) Como mínimo dos años.
d) Como máximo 5 años.

523. Juan está disfrutando de una excedencia por cuidado de un hijo de 3 años; lleva en esta situación desde que este nació, y se pregunta si cuenta todavía con la reserva del puesto de trabajo:

a) Sí, se le va a reservar durante toda la excedencia.
b) No, perdió el derecho al puesto el primer año.

c) Sí, pero está a punto de perderlo, ya que se pierde a los tres años.

d) No cuenta con la reserva del puesto de trabajo como tal, pero sí de un puesto en la misma localidad y de igual retribución.

524. Los funcionarios en situación de excedencia:

a) Pierden todos sus derechos.

b) Podrán participar en los cursos de formación que convoque la Administración.

c) Seguirán cobrando el 75 % de sus retribuciones.

d) Seguirán cobrando el 90 % de sus retribuciones.

525. Las funcionarias víctimas de violencia de género:

a) Por este motivo no tendrán derecho a una excedencia, pero sí a un cambio de puesto.

b) Tendrán derecho a solicitar la situación de excedencia y se les exigirá un mínimo de un año en esta situación.

c) Tendrán derecho a solicitar la situación de excedencia sin tener que haber prestado un tiempo mínimo de servicios previos.

d) Tendrán derecho a solicitar la situación de excedencia si han prestado servicio en los dos años previos.

526. Las funcionarias víctimas de violencia de género en excedencia, tendrán derecho a la reserva del puesto de trabajo que desempeñan:

a) Durante los seis primeros meses.

b) Durante el primer año.

c) Al menos durante dos años.

d) Al menos durante tres años.

527. En su caso, cuando las actuaciones judiciales lo exigieran, las funcionarias víctimas de violencia de género en excedencia, tendrán derecho a la reserva del puesto de trabajo que desempeñan:

a) Durante el mismo periodo establecido para cualquier supuesto, no se podrá prorrogar.

b) Durante seis meses más.

c) Durante una prórroga de tres meses más, con un máximo de dieciocho meses.

d) Durante una prórroga automática de un año.

528. Juana, funcionaria pública, víctima de violencia de género acaba de solicitar una excedencia y quiere saber durante cuántos meses va a poder seguir cobrando su salario íntegro:

a) Durante la excedencia no va a poder cobrar retribución alguna.

b) Durante los seis primeros meses va a cobrar el 70 % de sus retribuciones.

c) Durante el primer mes va a cobrar la retribución íntegra.

d) Durante los dos primeros meses va a cobrar la retribución íntegra.

529. Indica la respuesta incorrecta. Los funcionarios que hayan sufrido daños físicos o psíquicos como consecuencia de la actividad terrorista:

a) Tendrán derecho a disfrutar de un periodo de excedencia en las mismas condiciones que las víctimas de violencia de género o de violencia sexual.

b) Tendrán derecho a una excedencia que será autorizada y mantenida en el tiempo en tanto que resulte necesaria para la protección y asistencia social integral de la persona a la que se concede.

c) Tendrán derecho a una excedencia que será autorizada y mantenida en el tiempo en tanto que resulte necesaria en base a la amenaza a que se encuentra sometida.

d) No tendrán derecho a una excedencia por este motivo.

530. El funcionario declarado en situación de suspensión:

a) Perderá su puesto de trabajo.

b) No quedará privado durante el tiempo de permanencia en la misma del ejercicio de sus funciones y de los derechos inherentes a la condición.

c) Perderá su puesto de trabajo cuando exceda de seis meses.

d) No perderá su puesto de trabajo si esta no alcanza los dos años.

531. Mario ha sido suspendido de sus funciones y está preocupado por su puesto de trabajo:

a) Indícale que al ser funcionario no puede ser suspendido de sus funciones.

b) Indícale que podrá regresar a su puesto de trabajo en cuanto termine la suspensión.

c) Indícale que puede seguir ejerciendo sus funciones, aunque esté suspendido.

d) Indícale que perderá su puesto de trabajo cuando la suspensión exceda de seis meses.

532. La suspensión firme por sanción disciplinaria:

a) No puede ser superior a seis meses.

b) Debe exceder de los dos años.

c) No puede exceder de seis años.

d) No puede exceder de diez años.

533. El funcionario declarado en la situación de suspensión de funciones:

a) Podrá prestar servicios en otra Administración Pública durante la sanción.

b) Podrá prestar servicios en organismos públicos durante la sanción.

c) No podrá prestar servicios durante la sanción a entidades de derecho público vinculadas a la Administración Pública.

d) Podrá prestar servicios en agencias de la Administración Pública.

534. La suspensión de funciones:

a) Siempre es definitiva.

b) No impide al trabajador volver a su puesto al finalizar la situación.

c) No puede tener carácter provisional.

d) Siempre tiene carácter provisional.

535. En relación con el reingreso al servicio activo:

a) No es posible.

b) No está regulado.

c) No está contemplado en el Estatuto Básico del Empleado Público.

d) Reglamentariamente se regularán los plazos, procedimientos y condiciones, según las situaciones administrativas de procedencia, para solicitar el reingreso al servicio activo de los funcionarios de carrera.

536. En base al artículo 92 del EBEP, el personal laboral de la Administración Pública:

a) Se rige directamente por el Estatuto Básico del Empleado Público.

b) Se rige por el Estatuto de los Trabajadores y por los Convenios que le sean aplicables.

c) Simplemente está sometido al Estatuto de los Trabajadores.

d) Está sometido al Estatuto Básico del Empleado Público y a los Convenios que le sean aplicables.

537. Los convenios colectivos:

a) Podrán determinar la aplicación de todo el Estatuto Básico del Empleado Público al personal laboral.

b) Podrán determinar la aplicación de la parte que la ley contemple el Estatuto Básico del Empelado Público al personal laboral de la Administración Pública.

c) Podrán contravenir aquello dispuesto en el Estatuto de los Trabajadores.

d) No podrán regular la situación del personal laboral al servicio de la Administración Pública.

538. ¿Qué tipo de falta disciplinaria cometerán los funcionarios públicos o el personal laboral que adopten acuerdos manifiestamente ilegales que causen perjuicio grave a la Administración?

a) Falta muy grave.

b) Falta grave.

c) Falta leve.

d) No cometerán ningún tipo de falta salvo que los acuerdos causaran un perjuicio a los administrados.

539. El acoso laboral por parte de los funcionarios públicos o el personal laboral será constitutivo de infracción disciplinaria:

a) Muy grave.

b) Grave.

c) Menos grave.

d) Leve.

540. ¿Cuándo prescribirán las infracciones disciplinarias muy graves a tenor de lo dispuesto en el art. 97 del Real Decreto Legislativo 5/2015, de 30 de octubre, por el que se aprueba el texto refundido de la Ley del Estatuto Básico del Empleado Público?

a) A los cinco años.

b) A los tres años.

c) A los dos años.

d) Al año.

541. La incomparecencia injustificada en las Comisiones de Investigación de las Cortes Generales será constitutiva de infracción disciplinaria:

a) Muy grave.

b) Grave.

c) Menos grave.

d) Solo será constitutiva de infracción disciplinaria muy grave la incomparecencia injustificada en las Comisiones de Investigación de las asambleas legislativas de las comunidades autónomas.

542. ¿Cuándo prescriben las sanciones disciplinarias impuestas por faltas muy graves al Real Decreto Legislativo 5/2015, de 30 de octubre, por el que se aprueba el texto refundido de la Ley del Estatuto Básico del Empleado Público?

a) A los cinco años.

b) A los diez años.

c) A los tres años.

d) A los dos años.

543. ¿Cuándo comenzará a contarse el plazo de prescripción de las faltas disciplinarias cuando se trate de faltas continuadas?

a) Desde el día de comisión de la primera falta.
b) Desde el cese de su comisión.
c) Desde el día siguiente en que se hubiese cometido la última falta disciplinaria.
d) Desde el día en que se hubiera cometido la infracción disciplinaria más grave.

544. ¿La imposición de qué tipo de sanciones se llevará a cabo por procedimiento sumario con audiencia al interesado?

a) La imposición de sanciones por faltas muy graves.
b) La imposición de sanciones por faltas graves.
c) La imposición de sanciones por faltas leves.
d) La imposición de sanciones por faltas muy graves y graves.

545. El incumplimiento de la obligación de atender los servicios esenciales en caso de huelga por parte de los funcionarios públicos o el personal laboral será constitutivo de infracción disciplinaria:

a) Muy grave.
b) Grave.
c) Menos grave.
d) Leve.

546. ¿Quién establece cuáles serán las faltas graves del personal laboral?

a) La asamblea legislativa de la correspondiente comunidad autónoma.
b) Las Cortes Generales mediante ley.
c) Por medio de los convenios colectivos.
d) La persona titular del Ministerio competente en materia de función pública, vía reglamento.

547. La sanción de despido disciplinario del personal laboral solo podrá sancionar la comisión de faltas:

a) Muy graves.
b) Graves.
c) Muy graves y graves.
d) Leves.

548. La suspensión firme de funciones, o de empleo y sueldo en el caso del personal laboral, tendrá una duración máxima de:

a) 10 años.
b) 7 años.

c) 6 años.
d) 5 años.

549. Procederá la readmisión del personal laboral fijo cuando sea declarado improcedente el despido acordado como consecuencia de la incoación de un expediente disciplinario por la comisión de una falta:

a) Muy grave.
b) Grave.
c) Muy grave o grave.
d) Leve.

550. ¿Qué tipo de falta disciplinaria cometerán los funcionarios públicos o el personal laboral que acosen moral, sexualmente o por razón de sexo?

a) Falta muy grave.
b) Falta grave.
c) Falta leve.
d) No cometerán ningún tipo de falta sino delito.

551. Salvo en caso de paralización del procedimiento imputable al interesado, la suspensión provisional como medida cautelar en la tramitación de un expediente disciplinario no podrá exceder de:

a) Dos años.
b) Doce meses.
c) Seis meses.
d) Tres meses.

552. ¿Cuándo prescriben las sanciones disciplinarias impuestas por faltas graves al Real Decreto Legislativo 5/2015, de 30 de octubre, por el que se aprueba el texto refundido de la Ley del Estatuto Básico del Empleado Público?

a) A los cinco años.
b) A los cuatro años.
c) A los tres años.
d) A los dos años.

553. La sanción de separación del servicio de los funcionarios, que en el caso de los funcionarios interinos comportará la revocación de su nombramiento, solo podrá sancionar la comisión de faltas:

a) Muy graves.
b) Graves.
c) Leves.
d) Muy graves y determinadas faltas graves.

554. El incumplimiento de las normas sobre incompatibilidades de los funcionarios públicos o del personal laboral cuando ello dé lugar a una situación de incompatibilidad, será constitutivo de una infracción disciplinaria de carácter:

a) Muy grave.
b) Grave.
c) Leve.
d) Menos grave.

555. ¿Cuándo prescriben las sanciones disciplinarias impuestas por faltas leves al Real Decreto Legislativo 5/2015, de 30 de octubre, por el que se aprueba el texto refundido de la Ley del Estatuto Básico del Empleado Público?

a) A los dos años.
b) Al año.
c) A los seis meses.
d) A los tres meses.

556. Señala cuál de los siguientes no es uno de los principios por los que se estructurará el procedimiento disciplinario que se establezca en el desarrollo del Estatuto Básico del Empleado Público:

a) Economía procesal.
b) Eficacia.
c) Celeridad.
d) Igualdad.

557. ¿Cuándo prescriben las infracciones disciplinarias impuestas por faltas muy leves al Real Decreto Legislativo 5/2015, de 30 de octubre, por el que se aprueba el texto refundido de la Ley del Estatuto Básico del Empleado Público?

a) A los dos años.
b) Al año.
c) A los seis meses.
d) A los tres meses.

558. Cuando de la instrucción de un procedimiento disciplinario resulte la existencia de indicios fundados de criminalidad, se suspenderá su tramitación poniéndolo en conocimiento de:

a) El Juzgado de Guardia.
b) Las Fuerzas y Cuerpos de Seguridad.
c) El Ministro competente en materia de función pública.
d) El Ministerio Fiscal.

559. El incumplimiento del deber de respeto a la Constitución por parte de los funcionarios públicos o del personal laboral, será objeto de infracción disciplinaria de carácter:

a) Falta muy grave.
b) Falta grave.
c) Falta leve.
d) Falta menos grave.

560. ¿Qué tipo de sanción disciplinaria consiste en la penalización a efectos de carrera, promoción o movilidad voluntaria?

a) El apercibimiento.
b) El demérito.
c) La amonestación.
d) El traslado forzoso.

561. ¿Cuándo comenzará a contarse el plazo de prescripción de las sanciones?

a) Desde la firmeza de la resolución sancionadora.
b) Desde que se hubieran cometido.
c) Desde el cese de su comisión.
d) Desde el día siguiente en que se hubiesen cometido.

562. La realización de actos encaminados a coartar el libre ejercicio del derecho de huelga, podrá ser constitutivo de infracción disciplinaria:

a) Muy grave.
b) Grave.
c) Menos grave.
d) Leve.

563. Señala la respuesta incorrecta respecto a la suspensión provisional:

a) Cuando la suspensión provisional se eleve a definitiva, el funcionario deberá devolver lo percibido durante el tiempo de duración de aquella.
b) El funcionario suspenso provisional tendrá derecho a percibir durante la suspensión únicamente las retribuciones básicas.
c) El tiempo de permanencia en suspensión provisional será de abono para el cumplimiento de la suspensión firme.
d) Si la suspensión provisional no llegara a convertirse en sanción definitiva, la Administración deberá restituir al funcionario la diferencia entre los haberes realmente percibidos y los que hubiera debido percibir si se hubiera encontrado con plenitud de derechos.

564. La prevalencia de la condición de empleado público para obtener un beneficio indebido para sí o para otro constituye una falta disciplinaria:

a) Muy grave.
b) Grave.
c) Menos grave.
d) Leve.

565. Salvo que constituyan infracción manifiesta del Ordenamiento jurídico, la desobediencia abierta a las órdenes o instrucciones de un superior, supone una falta disciplinaria de carácter:

a) Muy grave.
b) Grave.
c) Menos grave.
d) Leve.

566. ¿Cuál de las siguientes no es una de las circunstancias que se tendrán en cuenta por las Cortes Generales o las asambleas legislativas de las correspondientes comunidades autónomas o por los convenios colectivos en el caso de personal laboral para establecer por ley las faltas graves?

a) El descrédito para la imagen pública de la Administración.
b) La gravedad de los daños causados al interés público, patrimonio o bienes de la Administración o de los ciudadanos.
c) El grado en que se haya vulnerado la legalidad.
d) La repercusión social que haya podido generar la infracción cometida.

567. El notorio incumplimiento de las funciones esenciales inherentes al puesto de trabajo o funciones encomendadas supone la comisión de una falta disciplinaria de carácter:

a) Muy grave.
b) Grave.
c) Menos grave.
d) Leve.

568. La potestad disciplinaria se ejercerá de acuerdo con el siguiente principio:

a) Igualdad.
b) Publicidad.
c) Culpabilidad.
d) Retroactividad.

569. No hacerse cargo voluntariamente de las tareas o funciones que tienen encomendadas, a tenor del art. 95.2 del Real Decreto Legislativo 5/2015, de 30 de octubre, por el que se aprueba el texto refundido de la Ley del Estatuto Básico del Empleado Público, será falta disciplinaria:

a) No es falta disciplinaria salvo que haya abandono del servicio.

b) Muy grave.
c) Grave.
d) Leve.

570. El alcance de cada sanción se establecerá teniendo en cuenta:

a) La repercusión del acto.
b) El daño al interés público.
c) La antigüedad del autor del hecho.
d) La hoja de servicios del autor.

571. Señala la respuesta incorrecta respecto al procedimiento disciplinario y medidas provisionales:

a) En el procedimiento no habrá distinción entre la fase instructora y la sancionadora, encomendándose al mismo órgano.
b) Cuando así esté previsto en las normas que regulen los procedimientos sancionadores, se podrá adoptar mediante resolución motivada medidas de carácter provisional que aseguren la eficacia de la resolución final que pudiera recaer.
c) No podrá imponerse sanción por la comisión de faltas muy graves o graves sino mediante el procedimiento previamente establecido.
d) La suspensión provisional podrá acordarse durante la tramitación de un procedimiento judicial, y se mantendrá por el tiempo a que se extienda la prisión provisional u otras medidas decretadas por el juez que determinen la imposibilidad de desempeñar el puesto de trabajo.

572. La obstaculización al ejercicio de las libertades públicas y derechos sindicales, a tenor del art. 95.2 del Real Decreto Legislativo 5/2015, de 30 de octubre, es una falta disciplinaria:

a) Leve.
b) Menos grave.
c) Grave.
d) Muy grave.

573. ¿Qué tipo de falta disciplinaria cometerán los funcionarios públicos o el personal laboral que violen la imparcialidad, utilizando las facultades atribuidas para influir en procesos electorales de cualquier naturaleza y ámbito?

a) Falta muy grave.
b) Falta grave.
c) Falta leve.
d) No cometerán ningún tipo de falta sino delito.

574. La negligencia por los funcionarios públicos o el personal laboral en la custodia de secretos oficiales, declarados así por ley o clasificados como tales, que sea causa de su publicación o que provoque su difusión o conocimiento indebido, supondrá una infracción disciplinaria:

a) Leve.
b) Menos grave.
c) Grave.
d) Muy grave.

575. ¿Qué tipo de falta disciplinaria cometerán los funcionarios públicos o el personal laboral que publiquen o utilicen indebidamente la documentación o información que tengan o hayan tenido acceso por razón de su cargo o función?

a) Ninguna.
b) Es un delito no una infracción disciplinaria.
c) Grave.
d) Muy grave.

576. Toda actuación que suponga discriminación por razón de origen racial o étnico, religión o convicciones, discapacidad, edad, orientación sexual, identidad sexual, características sexuales, lengua, opinión, lugar de nacimiento o vecindad, sexo o cualquier otra condición o circunstancia personal o social, así como el acoso por razón de sexo, origen racial o étnico, religión o convicciones, discapacidad, edad, orientación sexual, expresión de género, características sexuales, y el acoso moral y sexual, a tenor del Real Decreto Legislativo 5/2015, de 30 de octubre, por el que se aprueba el texto refundido de la Ley del Estatuto Básico del Empleado Público, será una falta disciplinaria:

a) Leve.
b) Menos grave.
c) Grave.
d) Muy grave.

577. ¿Cuándo prescriben las infracciones disciplinarias graves según lo dispuesto en el art. 97 del Real Decreto Legislativo 5/2015, de 30 de octubre, por el que se aprueba el texto refundido de la Ley del Estatuto Básico del Empleado Público?

a) A los cinco años.
b) A los tres años.
c) A los dos años.
d) Al año.

578. El artículo 99 del Real Decreto Legislativo 5/2015 (TR-EBEP) dispone que las Administraciones Públicas actuarán y se relacionarán entre sí en las materias objeto del Estatuto Básico del Empleado Público de acuerdo con:

a) El principio de eficiencia.
b) Los principios de cooperación y colaboración.
c) Igualdad entre administraciones.
d) El principio de eficacia.

579. El Real Decreto Legislativo 5/2015, en su artículo 99, dispone que las Administraciones Públicas actuarán y se relacionarán entre sí en las materias objeto del Estatuto Básico del Empleado Público:

a) Libremente.
b) Dirigiendo todas las actuaciones desde la Administración General del Estado.
c) Respetando, en todo caso, el ejercicio legítimo por las otras Administraciones de sus competencias.
d) Únicamente en el caso que así se especifique explícitamente.

580. En materia de cooperación entre las Administraciones Públicas:

a) No existen órganos de cooperación.
b) Hay órganos que cooperan, pero de forma informal, no de manera formal.
c) Hay órganos de la Administración General del Estado que tiene esta función, pero no incluyen el ámbito de la comunidad autónoma.
d) Sí que existen órganos de cooperación entre las Administraciones Públicas.

581. El órgano de cooperación en materia de administración pública de la Administración General del Estado y de las Administraciones de las comunidades autónomas se denomina:

a) Conferencia Sectorial de la Administración Pública.
b) Conferencia General de la Administración Pública.
c) Comisión de Cooperación General.
d) Comisión de Cooperación Especial.

582. El órgano de cooperación en materia de administración pública de la Administración General del Estado y de las Administraciones de ciudades autónomas se denomina:

a) Conferencia Sectorial de la Administración Pública.
b) Conferencia General de la Administración Pública.
c) Comisión de Cooperación General.
d) Comisión de Cooperación Especial.

583. El órgano de cooperación en materia de administración pública de las Administraciones de ciudades autónomas y la Administración local se denomina:

a) Conferencia Sectorial de la Administración Pública.
b) Conferencia General de la Administración Pública.
c) Comisión de Cooperación General.
d) Comisión de Cooperación Especial.

584. Los representantes de la Conferencia Sectorial de la Administración Pública son designados por:

a) El Gobierno del Estado.
b) El Gobierno de las Comunidades Autónomas.
c) El Poder Ejecutivo.
d) La Federación Española de Municipios y Provincias.

585. La Federación Española de Municipios y de Provincias se configura como:

a) La asociación de entidades locales de ámbito estatal con mayor implantación.
b) La asociación de provincias.
c) La asociación de municipios.
d) La asociación de principales provincias de España.

586. El órgano técnico y de trabajo dependiente de la Conferencia Sectorial de la Administración Pública se denomina:

a) Órgano técnico y de trabajo dependiente de la Conferencia Sectorial de la Administración Pública.
b) Comisión de Coordinación del Empleo Público.
c) Comisión de Coordinación de la Administración Pública.
d) Comité Coordinador de la Administración Pública.

587. La coordinación de la política de personal entre la Administración General del Estado y las Administraciones de las comunidades autónomas corresponde a/al:

a) Órgano técnico y de trabajo dependiente de la Conferencia Sectorial de la Administración Pública.
b) Comisión de Coordinación del Empleo Público.
c) Comisión de Coordinación de la Administración Pública.
d) Comité Coordinador de la Administración Pública.

588. La coordinación de la política de personal entre la Administración General del Estado y las entidades locales corresponde a/al:

a) Órgano técnico y de trabajo dependiente de la Conferencia Sectorial de la Administración Pública.
b) Comisión de Coordinación del Empleo Público.

c) Comisión de Coordinación de la Administración Pública.
d) Comité Coordinador de la Administración Pública.

589. La coordinación de la política de personal entre la Administración General del Estado y las entidades locales corresponde a/al:

a) Órgano técnico y de trabajo dependiente de la Conferencia Sectorial de la Administración Pública.
b) Comisión de Coordinación del Empleo Público.
c) Comisión de Coordinación de la Administración Pública.
d) Comité Coordinador de la Administración Pública.

590. La Comisión de Coordinación del Empleo Público elabora estudios e informes sobre el empleo público, que se remitirán:

a) Directamente al Presidente del Gobierno.
b) Al poder legislativo del Estado.
c) A las organizaciones sindicales presentes en la Mesa General de Negociación de la Administraciones Pública.
d) A todas las organizaciones sindicales existentes en el país.

591. Tal y como dispone el artículo 100.2 b) del Estatuto Básico del Empleado Público, la Comisión de Coordinación del Empleo Público estudia y analiza los proyectos de legislación básica en materia de empleo público:

a) Sí, eso es así, pero se especifica que es de forma excepcional.
b) Sí, eso es así, pero se especifica que es de forma subsidiaria.
c) No es así, y no se debe interpretar así.
d) Sí que tiene atribuida esta competencia por ley.

592. Tal y como dispone el Estatuto Básico del Empleado Público, la Comisión de Coordinación del Empleo Público emite un informe sobre los proyectos normativos que las Administraciones Públicas le presenten:

a) Sí, eso es así, pero se especifica que es de forma excepcional.
b) Sí, eso es así, pero se especifica que es de forma subsidiaria.
c) No es así, y no se debe interpretar así.
d) Sí que tiene atribuida esta competencia por ley.

593. Impulsar las actuaciones necesarias para garantizar la efectividad de los principios constitucionales en el acceso al empleo público es una función que el artículo 100 Estatuto Básico del Empleado Público atribuye:

a) Al máximo cargo en cada una de las Administraciones Públicas.

b) A la Administración General del Estado.

c) A las organizaciones sindicales presentes en la Mesa General de Negociación de la Administraciones Pública.

d) A la Comisión de Coordinación del Empleo Público.

594. Componen la Comisión de Coordinación del Empleo Público:

a) Únicamente representantes de la Administración General del Estado.

b) Órganos directivos de la política de recursos humanos de la Administración General del Estado, de las Administraciones de las comunidades autónomas y de las ciudades de Ceuta y Melilla.

c) Únicamente los representantes de la Administración Local.

d) Los representantes de la Administración Local y de las Provincias.

595. Los representantes de la Administración Local:

a) Nunca pueden formar parte de la Comisión de Coordinación del Empleo Público.

b) Forman parte de la Comisión de Coordinación del Empleo Público, de forma supletoria.

c) Forman parte de la Comisión de Coordinación del Empleo Público, en los términos que se determinen reglamentariamente, previa consulta con las comunidades autónomas.

d) Forman parte de la Comisión de Coordinación del Empleo Público, de forma excepcional.

596. La Comisión de Coordinación del Empleo Público:

a) Se rige únicamente por lo dispuesto en el Estatuto Básico del Empleado Público.

b) Elaborará sus propias normas de organización y funcionamiento.

c) No tiene la facultad de elaborar sus propias normas de organización y funcionamiento.

d) Se rige por lo que dispone directamente la Administración General del Estado, en términos de organización y funcionamiento.

597. La Conferencia Sectorial de Administración Pública atenderá en su funcionamiento y organización a lo establecido en la vigente legislación sobre régimen jurídico de las Administraciones Públicas:

a) Además, es la única competente en este ámbito.

b) Sin perjuicio de la competencia de otras Conferencias Sectoriales u órganos equivalentes.

c) Solamente de manera supletoria.

d) En casos de urgencia.

598. El Estatuto Básico del Empleado Público hace especial referencia a la aplicación de ciertos principios "en las entidades del sector público estatal, autonómico y local, que no estén incluidas en el artículo 2 (...) y que estén definidas así en su normativa específica", ¿en qué disposición?

a) La disposición adicional primera.

b) La disposición adicional tercera.

c) La disposición final.

d) La disposición derogatoria primera.

599. La disposición adicional segunda del Estatuto Básico del Empleado Público dispone que el citado Estatuto:

a) Es de aplicación a la Comunidad Foral de Navarra.

b) No es de aplicación a la Comunidad Foral de Navarra, solo de forma subsidiaria.

c) No es de aplicación a la Comunidad Foral de Navarra, porque las bases del régimen jurídico de las Administraciones Públicas y del régimen estatutario de sus funcionarios son competencia exclusiva de la Comunidad Autónoma.

d) Sí que es de aplicación a la Comunidad Foral de Navarra, pero con carácter excepcional.

600. La disposición adicional segunda del Estatuto Básico del Empleado Público dispone que el citado Estatuto:

a) Es de aplicación a la Comunidad Foral Vasca.

b) No es de aplicación a la Comunidad Foral de Navarra, solo de forma subsidiaria.

c) No es de aplicación a la Comunidad Foral de Navarra, porque las bases del régimen jurídico de las Administraciones Públicas y del régimen estatutario de sus funcionarios son competencia exclusiva de la Comunidad Autónoma.

d) Sí que es de aplicación a la Comunidad Foral de Navarra, pero con carácter excepcional.

601. Las facultades previstas en el artículo 92 bis de la Ley 7/1985, de 7 de abril, Reguladora de las Bases del Régimen Local, respecto a los funcionarios con habilitación de carácter nacional serán ostentadas:

a) Por las Instituciones Forales de sus territorios históricos o por las Instituciones Comunes de la Comunidad Autónoma, en los términos que establezca la normativa autonómica.
b) Por la Administración General del Estado.
c) Por el Gobierno central.
d) Por el Gobierno central del Estado y por las Instituciones Comunes de la Comunidad Autónoma, de forma compartida.

602. Los funcionarios públicos propios de las administraciones de las ciudades de Ceuta y Melilla se rigen por lo dispuesto:

a) En su propio reglamento.
b) En el Estatuto Básico del Empleado Público, por las normas de carácter reglamentario que en su desarrollo puedan aprobar sus Asambleas, por las normas que dicte el Estado y por la Ley de Función Pública de la Administración General del Estado.
c) En el Estatuto Básico del Empleado Público y por las normas de carácter reglamentario que en su desarrollo puedan aprobar sus Asambleas, únicamente.
d) Por la Ley de Función Pública de la Administración General del Estado, únicamente.

603. Los funcionarios transferidos de las ciudades de Ceuta y Melilla, atendiendo a la disposición adicional tercera del Estatuto Básico del Empleado Público, se regirán por:

a) Su propio reglamento.
b) El Estatuto Básico del Empleado Público, por las normas de carácter reglamentario que en su desarrollo puedan aprobar sus Asambleas, por las normas que dicte el Estado y por la Ley de Función Pública de la Administración General del Estado.
c) En el Estatuto Básico del Empleado Público y por las normas de carácter reglamentario que en su desarrollo puedan aprobar sus Asambleas, únicamente.
d) Por la Ley de Función Pública de la Administración General del Estado y sus normas de desarrollo.

604. La determinación de las faltas y sanciones disciplinarias leves en las Administraciones de las ciudades de Ceuta y Melilla:

a) Es una función las Asambleas de Ceuta y Melilla.
b) No es una función de las Asambleas de Ceuta y Melilla.
c) Es una función las Asambleas de Ceuta y Melilla, pero con carácter excepcional.
d) Es una función las Asambleas de Ceuta y Melilla, pero solamente en caso de urgencia.

605. La regulación del procedimiento de provisión de puestos directivos en las Administraciones de las ciudades de Ceuta y Melilla, así como su régimen de permanencia y cese:

a) Es una función las Asambleas de Ceuta y Melilla.
b) No es una función de las Asambleas de Ceuta y Melilla.
c) Es una función las Asambleas de Ceuta y Melilla, pero con carácter excepcional.
d) Es una función las Asambleas de Ceuta y Melilla, pero solamente en caso de urgencia.

606. Atendiendo a la disposición adicional tercera del Estatuto Básico del Empleado Público, los funcionarios transferidos a las Administraciones de las ciudades de Ceuta y Melilla:

a) Serán funcionarios propios del Estado.
b) Serán funcionarios propios de la ciudad a la que hayan sido transferidos quedando en la situación administrativa de servicio en otras administraciones públicas.

Soluciones

501. b)	**511.** b)	**521.** b)	**531.** d)	**541.** a)	**551.** c)	**561.** a)	**571.** a)	**581.** a)	**591.** d)
502. b)	**512.** b)	**522.** c)	**532.** c)	**542.** c)	**552.** d)	**562.** a)	**572.** d)	**582.** a)	**592.** d)
503. c)	**513.** c)	**523.** d)	**533.** c)	**543.** b)	**553.** a)	**563.** b)	**573.** a)	**583.** a)	**593.** d)
504. a)	**514.** d)	**524.** b)	**534.** b)	**544.** c)	**554.** a)	**564.** a)	**574.** d)	**584.** d)	**594.** b)
505. a)	**515.** c)	**525.** c)	**535.** d)	**545.** a)	**555.** b)	**565.** a)	**575.** d)	**585.** a)	**595.** c)
506. c)	**516.** c)	**526.** a)	**536.** b)	**546.** c)	**556.** d)	**566.** d)	**576.** b)	**586.** b)	**596.** b)
507. c)	**517.** b)	**527.** c)	**537.** b)	**547.** a)	**557.** c)	**567.** a)	**577.** c)	**587.** b)	**597.** b)
508. c)	**518.** b)	**528.** d)	**538.** a)	**548.** c)	**558.** d)	**568.** c)	**578.** b)	**588.** b)	**598.** a)
509. a)	**519.** b)	**529.** d)	**539.** a)	**549.** c)	**559.** a)	**569.** b)	**579.** c)	**589.** b)	**599.** a)
510. c)	**520.** b)	**530.** c)	**540.** b)	**550.** a)	**560.** b)	**570.** b)	**580.** d)	**590.** c)	**600.** a)

c) Serán funcionarios propios de la ciudad de la que vienen.
d) Serán funcionarios propios de la Comunidad Autónoma de la que vienen.

607. El Estatuto Básico del Empleado Público:

a) Nunca se aplica a las autoridades administrativas independientes del ámbito Estatal.
b) Se aplica a las autoridades administrativas independientes del ámbito Estatal de forma excepcional.
c) Se aplica en la forma prevista en sus leyes de creación.
d) Se aplica solamente en casos de urgencia.

608. Las autoridades administrativas independientes del ámbito Estatal:

a) Son entidades de Derecho Privado.
b) Son entidades mixtas.
c) Son entidades de Derecho Público.
d) Son corporaciones privadas.

609. ¿Quién debe presentar en el Congreso de los Diputados un estudio sobre los distintos regímenes de acceso a la jubilación de los funcionarios?

a) El Gobierno.
b) Las Comunidades Autónomas.
c) Las corporaciones locales.
d) La Administración Pública de las Comunidades Autónomas.

610. Los funcionarios:

a) No pueden agruparse en agrupaciones profesionales en las que no se requiera titulación.
b) Pueden agruparse en agrupaciones profesionales en las que no se requiera titulación.
c) Solamente pueden agruparse en agrupaciones profesionales en las que no se requiera titulación para casos específicos establecidos expresamente para el supuesto en una ley.
d) Pueden agruparse en agrupaciones profesionales en las que no se requiera titulación, pero no podrán promocionarse.

611. La disposición adicional séptima del Estatuto Básico del Empleado Público establece que las Administraciones Públicas:

a) No están obligadas a respetar la igualdad de trato y de oportunidades en el ámbito laboral.

b) Están obligadas a respetar la igualdad de trato y de oportunidades en el ámbito laboral, pero no dispone nada más al respecto.
c) Están obligadas a respetar la igualdad de trato y de oportunidades en el ámbito laboral, y deben adoptar medidas dirigidas a evitar cualquier tipo de discriminación laboral entre mujeres y hombres.
d) No hace referencia a la igualdad de género.

612. En relación con la igualdad de género:

a) Las Administraciones Públicas simplemente deben respetarla.
b) Las Administraciones Públicas deben aprobar un plan de igualdad a desarrollar en el convenio colectivo o acuerdo de condiciones de trabajo del personal funcionario que sea aplicable.
c) Las Administraciones Públicas deben elaborar y aplicar un plan de igualdad a desarrollar en el contrato concreto.
d) Las Administraciones Públicas deben elaborar y aplicar un plan de igualdad a desarrollar en ley estatal.

613. Conforme la disposición adicional octava del Estatuto Básico del Empleado Público, tendrán garantizados los derechos económicos alcanzados o reconocidos en el marco de los sistemas de carrera profesional establecidos por las leyes de cada Administración Pública:

a) Todos los empleados públicos.
b) Los funcionarios de carrera y los interinos.
c) Los funcionarios de carrera.
d) Los funcionarios de carrera, los interinos y los trabajadores eventuales.

614. El nivel y categoría correspondientes a la plaza inicialmente asignada al funcionario de carrera tras la superación del proceso selectivo:

a) Tienen la consideración de máximos.
b) Tienen la consideración de mínimos.
c) No tienen ningún tipo de consideración, en términos jurídicos.
d) Es el nivel y la categoría en la que el funcionario se va a poder desarrollar a la largo de su carrera, sin posibilidad de cambio.

615. El personal con legislación específica propia, al que hace referencia el Estatuto Básico del Empleado Público:

a) Puede ser declarado en servicios especiales.
b) Nunca puede ser declarado en servicios especiales.

c) Puede ser declarado en servicios especiales o en situación administrativa análoga, pero sin reconocimiento de ningún tipo de derecho de los establecidos en el Estatuto.

d) Siempre debe estar en activo.

616. El personal militar de carrera:

a) Solamente puede prestar sus servicios en la Administración Militar.

b) Puede prestar sus servicios en la Administración civil.

c) No pueden participar en los procedimientos de provisión de puestos abiertos en la Administración civil.

d) Puede prestar sus servicios en la Administración civil, pero no retribuidos.

617. En relación con la retribución del personal militar de carrera, que se incorpora a la Administración civil:

a) No es posible esta opción, no pueden incorporarse a la Administración civil.

b) No es posible esta opción, no pueden ser retribuidos.

c) Recibirán exactamente las mismas retribuciones que cualquier otra persona en el puesto de trabajo desempeñado.

d) Las retribuciones a percibir serán las retribuciones básicas que les correspondan en su condición de militares de carrera, y las complementarias correspondientes al puesto de trabajo desempeñado.

618. Las Administraciones Públicas podrán establecer hasta dos días adicionales de permiso por asuntos particulares:

a) Al cumplir el primer trienio.

b) Al cumplir el cuatro trienio.

c) Al cumplir el quinto trienio.

d) Al cumplir el sexto trienio.

619. ¿Cuántos días de permiso por asuntos particulares adicionales tiene un empleado con ocho trienios, según la disposición adicional decimotercera del Real Decreto Legislativo 5/2015?

a) Uno.

b) Dos.

c) Tres.

d) Cinco.

620. ¿Hasta cuantos días adicionales de vacaciones podrá establecer la Administración Pública?

a) Uno.

b) Dos.

c) Cuatro.

d) Diez.

621. ¿Qué actos deben inscribirse o anotarse en el Registro de Órganos de Representación del Personal?

a) Solo la creación de órganos de representación del personal.

b) Solo la supresión de secciones sindicales.

c) La creación, modificación o supresión de órganos de representación del personal y secciones sindicales.

d) Solo los actos relativos a la creación de sindicatos.

622. ¿Cuándo puede una funcionaria en estado de gestación comenzar a disfrutar del permiso retribuido en caso de gestación múltiple?

a) Desde la semana 35.

b) Desde la semana 37.

c) Desde la semana 33.

d) Desde la semana 39.

623. ¿Qué consecuencia tiene el incumplimiento del plazo máximo de permanencia para el personal funcionario interino?

a) Renovación automática del contrato.

b) Despido inmediato.

c) Compensación económica equivalente a veinte días de retribuciones fijas por año de servicio.

d) Derecho a un ascenso en su puesto de trabajo.

624. ¿Cuál es el máximo de mensualidades que puede percibir un funcionario interino por la compensación económica si se incumple el plazo máximo de permanencia?

a) Seis mensualidades.

b) Doce mensualidades.

c) Quince mensualidades.

d) Veinte mensualidades.

625. Atendiendo a la disposición transitoria adicional primera, el desarrollo del Estatuto Básico del Empleado Público:

a) No podrá comportar para el personal incluido en su ámbito de aplicación, la disminución de la cuantía de los derechos económicos y otros complementos retributivos inherentes al sistema de carrera vigente para los mismos en el momento de su entrada en vigor.

b) Podrá comportar para el personal incluido en su ámbito de aplicación, la disminución de la cuantía de los derechos económicos y otros complementos retributivos inherentes al sistema de carrera vigente para los mismos en el momento de su entrada en vigor.

c) Podrá comportar para el personal incluido en su ámbito de aplicación, la disminución de la cuantía de los derechos económicos y otros complementos retributivos inherentes al sistema de carrera vigente para los mismos en el momento de su entrada en vigor, pero solo de forma temporal.

d) Podrá comportar para el personal incluido en su ámbito de aplicación, la disminución de la cuantía de los derechos económicos y otros complementos retributivos inherentes al sistema de carrera vigente para los mismos en el momento de su entrada en vigor, pero solamente atendiendo a determinadas situaciones administrativas en las que se pueden encontrar.

626. Desde qué año el permiso del progenitor diferente de la madre biológica para empleados públicos tiene una duración de 16 semanas:

a) Desde 2015, año en que se aprobó el TR-LEBEP.

b) Desde 2016, tras la aprobación del TR-LEBEP.

c) Desde 2019, año en que se aprobó el Real Decreto-ley 6/2019, de 1 de marzo, de medidas urgentes para garantía de la igualdad de trato y de oportunidades entre mujeres y hombres en el empleo y la ocupación.

d) Desde el año 2021.

627. Conforme a la disposición final segunda del TR-LEBEP, las disposiciones del Estatuto Básico del Empleado Público:

a) Solamente son de aplicación a nivel estatal.

b) Solamente son de aplicación a los funcionarios con vecindad civil común.

c) Son de aplicación a todas las Comunidades Autónomas.

d) Son de aplicación a las Comunidades Autónomas que no disponen de derecho foral propio.

Soluciones

601. a)	**611.** c)	**621.** c)
602. b)	**612.** b)	**622.** a)
603. d)	**613.** c)	**623.** c)
604. a)	**614.** b)	**624.** b)
605. a)	**615.** a)	**625.** a)
606. b)	**616.** b)	**626.** d)
607. c)	**617.** d)	**627.** c)
608. c)	**618.** d)	
609. a)	**619.** c)	
610. b)	**620.** c)	

Cómo acceder al Curso

Test para oposiciones sobre el Real Decreto Legislativo 5/2015, de 30 de octubre (600 preguntas de examen)
Acceso 30 días gratis a Curso online

El uso de los códigos **es exclusivo de los compradores de los productos de Editorial MAD**. Cada producto posee un código único y de un solo uso. Es personal e intransferible y da acceso a servicios y contenidos adicionales. Editorial MAD se reserva el derecho de hacer cuantas comprobaciones sean necesarias para identificar al legítimo poseedor del código y dejar de dar servicio a quien haga uso fraudulento del mismo, además de emprender cuantas acciones legales estime oportunas según la legislación vigente.

Deberás acceder a:

mad.es/registro-campus

Si una vez aceptadas las condiciones de uso del Campus decides hacer uso del mismo, necesitarás del siguiente código de acceso junto con los códigos del resto de títulos que se exigen (si fuera el caso):

L18Q73YAID